会社の「あり方」と「やり方」を
定める100の指針

経営者のノート

人を大切にする経営学会　会長
経営学者
坂本光司

出版

はじめに

たいていの人は、仕事や人生のなかで大切にしている座右の銘をもっていると思います。それらの言葉は、通常「金言」とか「格言」、あるいは「名言」などと呼ばれます。

仕事や人生で行きづまってしまった時、心を洗われるようなよい言葉にふれ、ハッと気がついたり、人生観が変わったり、再び勇気と希望をもつことができたりした、ということも多いものです。

私自身も、偉大な先人たちが残してくれた多くの「金言」「名言」に触発され続けている人間のひとりです。

私のこれまでの人生や仕事に大きな影響を与えてくれた「金言」「名言」は数多くあります。なかでも、その言葉に出会って以来、「座右の銘」として、今でも私自身の言動の原点になっているのが、

「雨垂れ石を穿《うが》つ」

「松明《たいまつ》は自分の手で」

「自ら顧みて直《なお》くんば、千万人といえども我行かん」

「少年老い易く学成り難し、一寸の光陰軽んずべからず」

「青春とは人生のある時を言うのではなく、心の様相を言うのだ。歳を重ねるだけで人は老いない」

「井から出よ、世界は広い」

「山高ければ谷深し」

「前へ前へ」

等のことばです。


一方で、仕事柄、経営者を初めとする多くのリーダーの方々にお会いするのですが、その言動に接するなかで、自分なりに感じたこと、多くの人々に気づいてほしいことを、30年ほど前から自分の言葉にしてきました。

これも、座右の銘としている「金言」「格言」の影響が大きかったからと思います。

そうした「言葉」「語録」を一覧表にしたメモを、私はかつて「坂本教授のなるほど経営語録」と名づけました。

その語録の一部を、私は毎週開催される社会人学生を対象とした大学院での講義やセミナーなどで配布し、内容について解説してきました。

全国各地のさまざまな企業を訪問した際にはよく、「参考になれば……」と考えて、「なるほど経営語録」をその会社の社長に手渡ししたりしていました。

また、経営者や幹部社員向けの研修会などでは、少しでも参加者の働く・生きるモノサシを変えるヒントになればという思いで、語録のいくつかを紹介してきました。

そうした時に講義室内やセミナー会場を見渡すと、参加者の多くが、大きくうなずいて共感のしぐさを示してくれました。皮肉たっぷりの辛辣《しんらつ》な語録に対しては、会場内のあちこちで笑いが漏れたことも再々です。

やがて、この拙い「語録」は、徐々に全国各地の人々の眼と心にふれていきました。そして、多くの社会人大学院生や経営者などから、「1冊の本にまとめてほしい」という要望をいただくようになったのです。

こうした人々の声は、本書の出版の労をとってくださった、あさ出版にまで伝わっていきました。

これが2010年、前作『経営者の手帳～働く・生きるモノサシを変える100の言葉～』が出版された経緯です。

それからちょうど10年、同書のタイトルを『経営者のノート』として、改訂させていただきました。

当初、あさ出版の佐藤和夫社長からは「加筆修整を」と言われたのですが、ほぼ全面的に書き直しました。

それは前作を上梓してからこの10年間で、私自身の行動の範囲も人脈も格段に拡大し、新しい「言葉」もまた数多く生まれたからです。

また、弱い立場の人々へのリストラの拡大等、偽物の「強者」の、とうてい認めることのできない言動に対して問題提起をする必要性が、ますます高まってきていると思われるからです。

その意味で本書は、前作がベースになってはいますが、内容はかなり異なっていると思います。

余談ですが本書は、わずか数週間で書き上げました。執筆そのものを職業とする人ならともかく、本業がほかにある場合は、1冊の本を書き上げるには最低でも数カ月は必要です。それほどの短時日で執筆を終えることができたのは、ベースとなる前著があったということもありますが、最大の理由は、「新型コロナウイルス」の感染拡大の影響です。

仕事柄、例年2月から4月にかけては、企業や団体主催の講演会や研修会、さらには国や地方自治体の委員会やイベントの仕事が多く、その準備のための勉強や資料づくりに多くの時間が費やされます。

しかし「新型コロナウイルス」の世界的な感染拡大の影響を受け、この間に依頼されていた講演会や委員会等は、ほぼ90％が延期やキャンセルになってしまったからです。

その結果、ここ数週間はほぼ毎日、私は自宅の書斎に籠もり、本書の執筆に集中していました。

ともあれ、本書も多くの仲間たちの支援を受けました。学会の研究仲間はもとより、本書執筆のチャンスをくださった、あさ出版の佐藤社長を初め、スタッフの方々には、内容や体裁について、多くのアドバイスをいただきました。この場をお借りして厚くお礼申し上げます。

最後になりますが、いつもいつも私のために献身的に支援をし続けてくれている妻、和子にも、感謝の言葉を伝えたいと思います。

2020年4月吉日
本や書類が散乱する自宅書斎にて

人を大切にする経営学会会長　経営学者
坂本光司

第2章

経営者の「あり方」についての22の指針

第3章

企業の「やり方」についての28の指針

第4章

「企業と社員」についての19の指針

第5章 「正しくある」ことについての13の指針

第1章

企業の「あり方」についての18の指針

01

すべての活動の要《かなめ》は、目的、手段、
そして結果の3つである。
最も重要かつ大切なものは、
目的である。
このことを経営者は
ひと時も忘れてはならない。

企業を初めとするどんな組織体であっても、そこで行われる活動・事業は例外なく、目的・手段、そして結果の3つで成り立っている。目的とは、何のために・誰のためにといった、その活動の原点であり使命である。

手段は、目的を実現するための方法であり、そして結果は言うまでもなく、活動の成果である。

どのような組織体であれ、この3つのなかで最も重要かつ大切なものは、目的である。手段は目的を実現するための方法であり、手段が目的の上位概念となることはありえない。また結果は、目的や目標を掲げ、そのための手段を講じて初めて得られるものであり、目的や手段がなければ、結果は存在しない。

しかし、手段や結果を目的の上位概念に置き、それらがまるで目的であるかのような経営を行って平然としている企業が多い。

手段や結果をことさらに重視した経営、成果のためには手段を選ばない間違った経営こそが、近年のわが国企業の停滞の最大かつ本質的な原因である。この間違いに気がつかない企業の将来は危うい。

02

企業はもとより、
すべての組織体の経営の
目的・使命は、
その組織に関わる
すべての人々の、
永遠の幸せの追求・実現である。

企業経営の最大の目的・使命は、企業に関係する人々の幸せの追求・実現である。

業績や勝ち負け、シェアや業界ランキングも重要ではあるが、それは目的である「関係する人々の幸せ」を実現するために重要であるというにすぎない。

企業経営の手段や結果である業績や勝ち負けを過度に重視した経営や、それを目的にしたような経営は誤りである。本来の対象であるはずの「幸せにすべき人」を、結果のための道具やコストと評価・位置づけた経営に走るからだ。

「人」を、業績や勝ち負けのための手段・道具、もっとはっきり言えば、原材料やコストや景気の調整弁などと同じように位置づけしている企業がある。そうした「人」が、属する組織のために、価値ある仕事をすることは決してないだろう。

逆に、属する組織から、真に大切にされていると実感している人々は、まるでご恩返しのように、属する組織のために報いてくれる。

それが、人間が人間たるゆえんである。このことは、逆の立場に立って考えてみればよくわかる。

03

経営には、時代の変化に合わせ
変えるべきものと、
どのように時代が変化しても
決して変えては
いけないものの2つがある。

企業は、環境適応業・時代適応業・変化適応業などといわれる。企業経営で成果を上げるためには、その時々の環境に合わせた経営をすべきであるとか、時代が求める経営を続けなければならない、という意味である。

しかし企業経営においては、環境や時代の変化に合わせてタイムリーに変えるべきものと、どれほど環境と時代が変化をしても、決して変えてはいけないものの2つがある。

変化に合わせて変えるべきものとは、商品の生産・販売の技術や流れ、さらには組織や人事・ビジネスモデル等に関する経営戦略や、より詳細な経営戦術である。

しかしそれらはすべて、企業経営の「やり方」部分であって、「あり方」ではない。

環境や時代がどのように変化しても決して変えてはいけない「あり方」とは、正しい企業経営の実践、お天道様に顔向けのできる経営の実践、つまりその組織の存在目的・使命である経営理念に基づく経営の実践である。

にもかかわらず、このことを守らず、変えるべきことを変えず、その一方で変えてはいけないものを勝手に変え、窮地に陥る企業があまりに多い。

その意味でいえば、企業とは「不易流行業」なのである。

04

企業は企業それ自身のために存在するのではなく、企業に関わる人々のために、社会のために存在する。

企業は、企業それ自身のために存在しているのではなく、その企業に関わる人々の幸せづくりや社会の発展のために存在している。

このことが、企業を含めたすべての組織の存在のための原理・原則である。

しかし多くの企業や組織は、時間がたつに従い、この最も重要な組織存続の原理・原則を忘れ去り、軽視し、やがて関係者の幸せではなく、組織それ自身の保身と存続のために、勝手に走り出す。そして顧客や取引先だけでなく、社員にも見限られ、腐っていく。

長期に渡って低迷・停滞している企業や組織の大半の問題点は、外にあるわけではない。ここにこそ問題の本質がある。

時代の無用の長物にならないようにするためには、企業や組織のリーダーは、常に、「私たちの使命・存在目的は何か」を問いながら経営を行っていかなければならない。そして理論と実務に精通した、はっきりとモノを言う、有能な第三者の声に真摯に耳を傾けるべきである。

組織誕生の原点に立ち返った時、明らかに時代の使命が終わったと思われる事業は、関係者を苦しめる前に、ためらうことなく創造的破壊をすることだ。

05

企業とは、
人を幸せにするための・
人が幸せになるための
場所のことをいう。

企業とは、社員や顧客など、とりわけ関係の深い5人を幸せにするための、また幸せになるための場所のことである。

そして経営とは、そのための活動のことである。

つまり企業は、人を苦しめる場所でも、人を悲しませる場所でも、まして人を、まるで家畜や奴隷のように働かせる場でもない。

しかし現実は、社員にノルマを課したり、社員同士に過度な業績競争をさせたり、社員にサービス残業や、長時間残業を課している企業が数多くある。

そうした経営を行う企業に、心底から幸せを感じる人は誰一人いない。

社員の帰属意識や働き甲斐・モチベーションが、年々低下していくのは当然である。

「企業とは何か」「企業とはどういう場所なのか」を勘違いして経営を進める企業、このことに気がつかない企業は、いずれ内部から崩壊していく。

業績が低迷している企業の経営者は、テクニック論ではなく、「企業とは何か」「経営とは何か」の原点に立ち返り、経営を抜本的に見直さなければならない。

06

企業経営において、
とりわけ幸せを追求・
実現しなければならない人は
５人である。
つまり「五方良しの経営」の
実践である。

企業経営において、とりわけその幸せを追求・実現しなければならない人は、次の5人である。

第1は、社員とその家族。

第2は、社外社員とその家族（取引先・協力企業等）。

第3は、現在顧客と未来顧客。

第4は、地域住民、とりわけ障がい者等社会的弱者。

第5は、株主・支援機関等。

売り手良し・買い手良し・世間良しの「三方良し」ではなく、「五方良し」の経営である。

これまでの「三方良し」の経営と異なる点の一番目は、まず企業・経営者・株主の「売り手」の「良し」ではなく、社員の「良し」を重視した点である。また、これまでどちらかといえば福利厚生制度扱いとされてきた社員の家族を、社員と同様に明確に位置づけた点である。

二番目は、「三方良し」では明確ではなかった、取引先・協力企業を幸せづくりの対象として明確に位置づけた点である。

そして三番目は、単に世間ではなく、地域住民、とりわけ障がい者など社会的弱者への幸せづくりの経営が必要であることを明示し、企業に求めている点である。

この5人の幸せを最大目的にした経営、この5人が程度の差こそあれ、幸せを実感できる経営こそが、正しい経営である。

この5人の誰かを犠牲にするような経営、あるいは5人の誰かが理不尽と感じるような経営は、決して正しい経営とはいえない。

07

「五方良し経営」のなかで、
経営者・幹部社員が最も
重視すべき人は、
顧客や株主ではなく、
社員とその家族である。
その幸せづくりこそが
経営者の仕事である。

経営者や幹部社員の最大の使命と責任は、顧客や株主ではなく、社員とその家族の幸せの追求・実現である。

もっとはっきり言えば、顧客第一主義経営でも、株主第一主義経営でもなく、社員第一主義経営の実践である

これは当然である。自分が所属する企業や組織に不平・不満・不信感を抱いている社員が、その企業や組織の業績を高めようと努力するとは、とうてい思えないからである。また、自分が所属する企業や組織の上司や経営者に不平・不満・不信感を抱いた社員が、上司や経営者が喜ぶことをするはずがないからである。

企業の盛衰を決めるのは、顧客が感動するような価値の創造や、顧客がファン化・応援団化するような、感動どころか驚嘆のサービスを提供できるかどうかである。そしてそれらを提供するのは、他でもない、社員だからである。

社員第一主義経営は、決して顧客を軽視しているわけではない。顧客が大切だからこそ、社員がより大切なのだ。

つまり、ＥＳ（社員満足度）なくしてＣＳ（顧客満足度）はあり得ないのである。

08

経営者や幹部社員が「5人」を大切にしているかどうかは、相手が評価することである。

経営者や幹部社員が、「五方良し」の経営をぶれずに行っているか否かは、経営者や幹部社員の言動だけではわからない。

重要なことは、相手がそう感じているかどうかである。だからそのことを、5人の関係者に真摯に、定期的に聞く必要がある。

もっとも、社員や協力会社にこのことを直接聞いても、本当の気持ちを知ることはむずかしい。人事権をもっている人、発注権限をもっている人に盾突く人は、そうざらにはいないからだ。

そのための有効な方法の1つが「社員満足度（幸福度）調査」「社外社員（協力企業満足度（幸福度）調査」「顧客満足度（幸福度）調査」、そして「地域住民満足度（幸福度）調査」の定期的な実施である。

この調査は信頼のおける外部に委託し、社員個人、あるいは協力会社が特定されるものであってはならない。

どんな企業でも、辛辣な意見が数多く寄せられるはずだ。しかしなかには「なるほど」と思う意見も多々あるだろう。それをひとつずつ解決・改善すればいいのである。そうすれば、社員のモチベーションは飛躍的に高まるだろう。

09

業績を大切にする経営と、人を大切にする経営は、方向が真逆である。

業績や勝ち負けを重視・大切にする経営と、人を大切にする経営は、真逆を向いている。進むべき道、方向を間違ってはならない。

正しい道である「人を大切にする経営」の考え方・進め方は、次の30の項目を満たす経営である。こうした経営をやらずに、いい企業になりたいと考えるのは、土台無理な話である。

①長時間経営ではなく、短時間経営
②管理型経営ではなく、大家族的経営
③低賃金型経営ではなく、高賃金型経営
④閉鎖型経営ではなく、超ガラス張り型経営
⑤ワンマン型経営ではなく、全員参加型経営
⑥上意下達型経営ではなく、下意上達型経営
⑦景気・流行期待型経営ではなく、本質追求型経営
⑧急成長・急拡大型経営ではなく、年輪経営
⑨依存・追随型経営ではなく、提案型・独立型経営

⑩指値型経営ではなく、値決め型経営
⑪損得重視型経営ではなく、善悪重視型経営
⑫公私混同型経営ではなく、社会的公器型経営
⑬価格競争型経営ではなく、非価格競争型経営
⑭アンバランス型経営ではなく、バランス型経営
⑮非正規社員重視型経営ではなく、正規社員重視型経営・・
⑯中途採用重視型経営ではなく、新規学卒採用重視型経営
⑰腹十分型経営ではなく、腹八分型経営
⑱制度重視型経営ではなく、風土重視型経営
⑲新規顧客重視型経営ではなく、リピーター重視型経営・口コミ客重視型経営
⑳他人資本依存型経営ではなく、自己資本充実型経営
㉑強者重視型経営ではなく、弱者重視型経営
㉒下請型経営ではなく、自立型経営
㉓個人戦型経営ではなく、団体戦型・チーム戦型経営
㉔短期重視型経営ではなく、中長期重視型経営

㉕規模重視型経営ではなく、質重視型経営
㉖成果主義型経営ではなく、年功序列型経営
㉗見込み型経営ではなく、受注型経営
㉘ローカル型経営ではなく、グローカル型経営
㉙情報受信型経営ではなく、情報発信型経営
㉚最終ランナー型経営ではなく、中継ぎランナー型経営

こうした経営は、必ず神様からご褒美をいただけるだろう。

10

経営の3要素は、ヒト・モノ・カネではなく、1に人財、2に人財、3に人財。他はすべて人財のための道具にすぎない。

伝統的経営学では、経営の3要素は「ヒト・モノ・カネ」、あるいは「人材・技術・情報」である。

しかし、こうした経営学は、今や化石のような考え方である。

モノであれカネであれ、技術であれ情報であれ、それらの経営要素はすべて、「人財」のために存在するからである。

人財こそが、モノやサービスを創造する唯一の経営資源だからである。

加えて言えば、「ヒト・モノ・カネ」にせよ「人材・技術・情報」にせよ、3つの要素を並列に位置づけてしまうと、企業経営の目的である関係者の幸せの実現と、そのための手段・結果を混同してしまい、どの経営資源を優先すべきかが見失われてしまう。

こうした経営学では、最悪の場合、本来の目的である「人」を犠牲にした経営に走ってしまうだろう。

経営の3要素は、「ヒト・モノ・カネ」、「人材・技術・情報」などではなく、「1に人財、2に人財、3に人財」であること、そして他は人財のための資源、道具にすぎないということを、経営者は決して忘れてはならない。

11

社長は、社長という仕事をする
社員のことをいい、
社員は、社員という仕事をする
社員のことをいう。

すべての組織は、そのマネジメントを円滑かつ効果的に遂行するため、大きく3つの階層がある。経営者を中核とするトップ・マネジメント層、部課長を中核とするミドル・マネジメント層、そして、第一線の社員を中核とする圧倒的多数のロワー・マネジメント層である。

3つのマネジメント層に所属する人々の最大の違いは、人格・識見・能力の違いでも、偉い人・偉くない人といった違いでもない。

その役割の違いだけである。

組織を円滑かつ効果的に運営していくためには、組織の形態や規模を問わず、3つのマネジメント層は必要不可欠だからであり、誰かがそれぞれの層を担当しなければ、組織は機能しないからである。

こうした認識に立てば、「社長とは、社長という名の仕事をする社員のことをいい、課長は、課長という名の仕事をする社員のことをいい、そして社員は、社員という名の仕事をする社員のことをいう」ということになる。

このことを忘れ、上から目線の言動を繰り返したり、権威・権限をちらつかせたりするようなリーダーは、やがて誠実な社員から愛想をつかされるだろう。

12

腹八分経営・ほどほど経営がいい。

残業時間と転職的離職率、労働時間と企業業績には、明確な相関関係がある。

残業時間が長い企業の転職的離職率は例外なく高く、また社員1人当たりの年間労働時間の長い企業の業績は、例外なく不安定で低いという関係である。

逆に言えば、残業時間が少ない企業は転職的離職率は例外なく低く、また年間労働時間が少ない企業の業績は例外なく安定して高い。

これほど明確な原理・原則があるにもかかわらず、なぜ多くの企業の残業時間は長く、年間労働時間も長いのだろうか。その原因のひとつは、多くの企業はフル操業を前提とする薄利多売のビジネスモデルに甘んじてしまっているからである。

こうしたビジネスモデルでは、余裕・遊びはなく、自然や市場のちょっとしたいたずらにも、長時間残業など無理な負荷をかけて対応せざるを得なくなる。

社員に長時間残業をさせないためには、また誠実な社員の転職的離職をなくすためには、フル操業ではなく腹八分経営をよしとし、そのなかで「5人の幸せ」という責任を果たせる経営をすべきである。

13

企業の利益率はほどほどがよい。

企業経営の成果を評価する物差しは多々あるが、そのひとつが利益率である。

利益率にもいろいろあるが、代表的なのは「売上高対営業利益率」や「総資本対営業利益率」等である。

政府統計でこれを見ると、業種によりばらつきはあるものの、前者が1%から8%、後者は2%から5%、総平均では前者が3・1%、後者が3・5%である。

一般的に、利益率は「高ければ高いほどよい」とされている。なかには30%どころか50%を上回る企業もあり、それを絶賛する専門家もいる。さらには、利益率は10%以上が必要であり、それが優れた経営者の条件と言う人もいる。

しかし私は、利益率は高ければ高いほどよいという経営には賛同できない。企業とは何か、経営とは何か、利益とは何かを考えればわかることだ。

利益とは、お客様からのお礼代であり、神様からのご褒美である。高ければ高いほどいいのではなく、ほどほどがいいのである。数%、高くても10%前後で十分なのだ。もしそれ以上の利益が生まれる可能性があるなら、社員や取引先、顧客や地域社会に還元すべきである。

14

業績の高い企業の
モチベーションが高いのではない。
モチベーションが高い企業の
業績が高いのである。

私の調査研究によれば、業績が高い企業には、社員のモチベーションが高い企業もあれば低い企業もある。つまり、企業の業績と社員のモチベーションの間には、明確な相関関係はない。

一方、社員のモチベーションが高い企業だけを抽出し、その業績を調べてみると、例外なく、その業績は高く、明確な正の相関が確認できる。

企業の高い業績は、モチベーションの高い社員がもたらすのだから当然である。業績は、社員のモチベーションの結果現象なのである。

このことを踏まえれば、経営者を初めとする組織のリーダーが、何よりも重視して行うべきことは明白である。

それは、業績を高めるための経営ではなく、全社員のモチベーションを飛躍的に高める経営である。

その最大の方策は、社員が、自分たちは経営者や幹部社員から大切にされている、と実感できるような経営をすることである。

加えて言えば、いつでも、どこでも、誰にでも、社員が正直な仕事ができるような経営をすることである。

15

企業は私的なものではなく、社会的公器である。私物化してはならない。

企業、特に中小企業の経営者には、「自分が全財産を注ぎこんで創業し、命と生活をかけて経営をやってきたのだから、内部からも外部からも、とやかく言われる筋合いはない」「自分が創業した企業なのだから、自分の親族が後継するのは当然だ」といった態度や意識で、経営を考えている人々が多い。

しかし、そうした考え方は根本的に間違っている。というのは、企業は生まれた瞬間から、生産や販売、さらには雇用などを通じ、地域社会と関わっているからだ。また、かけがえのない地域資源を利活用しなければ、1日たりとも生存できないようになっているからだ。

企業の社会性は、家族以外の社員を雇用したり、協力企業を活用したり、国や地方自治体の政策資金や助成金を活用するようになると、一段と高まってくる。どのような企業も、「俺のもの」ではなく、「社会みなのもの」である。企業はまさに、社会的公器なのである。

経営者は常にそのことを強く理解し、認識し、決して企業を私物化してはならない。まさに公器として、地域貢献・社会貢献にも力を注ぐべきである。

16

元気のない企業の5つの言い訳は、ただの誤解・錯覚・甘えである。

業績が低迷している企業の言い訳は、いつの時代も次の5つのどれかである。
1つは、景気が悪い、それをもたらした国の政策が悪い
2つは、自社が属する業界が悪い
3つは、自社の企業規模が小さすぎる
4つは、自社が立地する場所が悪すぎる
5つは、進出した大型店舗や、取引している大企業が悪い
自社の業績低迷の原因は、自分の経営のやり方や進め方、つまり内にあるのではなく、外部環境や規模の小ささなどの外にあり、自社はその被害者であるといった口実である。
どれも、誤解・錯覚・甘えである。
全国各地を見渡すと、どんな地域でも、この5つの言い訳が全く通用しない、元気な中小企業・小規模事業者が、かなりの数で存在しているからだ。
業績低迷の問題の本質は、この5つなどにはなく、「企業とは何か」「経営とは何か」「経営者とは何か」を十分に理解・認識していない経営者そのものにある。

17

いい企業には、いい風が吹いている。いい風土なくして、いい制度はない。

いい企業は、会社のなかに1歩足を踏み入れただけですぐわかる。

それは建物が素敵とか、事務所内が美しいといったことではない。職場に流れている空気・風が、とても暖かく、そこにいるだけで、心身とも安らぐ空間なのである。

一方、問題の多い企業の職場内は、これとは全く逆である。職場内に冷たい空気・風が流れ、ギスギス感が漂っている。こうしたことは、社員の顔つき、目つきを見ても同様である。

いい社風の企業に共通しているのは、制度や規則が充実しているということではない。むしろ、制度や規則は必要最少限度に抑え、いい企業風土の醸成によって、仲間意識、お互い様意識を高めようとしているのである。

社員や家族を支援するための制度が用意されているにもかかわらず、十分利用されないのは、風土の問題である。

その意味では、制度の創設や改革をする前にやるべきことは、それを地下で支えている風土の改革である。

18

中小企業と大企業の最大の違いは、規模ではなく、生きる世界である。

中小企業と大企業の最大の違いは、規模や知名度などではなく、生きる世界の違いである。両者を海の生物に譬えるなら、大企業は鯨であり、中小企業は雑魚である。

だから大企業は広く深い海で生きるべきだし、中小企業は、海の浅い場所で生きるべきである。

もし広く深い海で生きるべき鯨が浅瀬に来たら、打ち上げられて哀れな幕切れになるだろう。

逆に浅瀬で生きるべき中小企業が、広く深い海に出れば、鯨や大きな魚の餌食になるか、それらから逃げ回るつらい生き方をせざるを得なくなることは目に見えている。

企業経営でいえば、中小企業は、小ロット・短納期・高スピード、小回りなどが要求される、大企業ができない・やりたくないニッチマーケットや、一人ひとりの社員がセールスポイントとなる感動創造企業を目指すべきである。

この原理・原則を忘れ、やたらと競争を好む中小企業が多すぎる。

memo

第2章

経営者の「あり方」についての22の指針

19

経営者の主たる仕事は5つだけである。

経営者の仕事は、企業の売上高を高めることでも、原価を下げることでも、さらにはその結果としての利益を増やすといったことでもない。それらはいずれも社員の仕事である。そうしたことに、経営者が多くの時間を費やすと、本来、経営者こそが担うべき重要な仕事がおろそかになる。

では経営者こそが担うべき5つの仕事とは何か。

第1は、企業が向かうべき・目指すべき方向の明示

第2は、やるかやらないか、今日か明日かの決断

第3は、全社員が安心して一生懸命、価値ある仕事に取り組むことができる、よい職場環境の整備・充実、さらには仲間意識が高まるよい職場風土の醸成

第4は、誰よりも努力し、働き、組織の先頭に立つこと

第5は、企業を継続させるための、後継者の発掘と育成

である。

これ以外の仕事は、社員を育て、信頼し、任せればいい。

「時間がない」と言う経営者は多い。それは時間がないのではなく、本来は任せるべきことに自分の時間を使いすぎているからである。

20

リーダーシップは権威・権限ではなく、己の背中と心で示す。

経営者・幹部社員の最大の使命のひとつは、リーダーシップの発揮である。

リーダーシップとは、いうまでもなく、組織の目標達成のために、組織のメンバーやチームに価値ある行動を促す力のことであり、組織構成員のモチベーションをアップさせる力である。

しかし、こうしたリーダーシップの本質を勘違いし、それを権威や権限によって発揮しようとする経営者や幹部社員が少なからず存在する。

「上司の言うことが聞けないのか！」とか、「言った通りにやればいいのだ」といった言動がそれである。

これでは、社員の内発的なやる気を喚起することはとうていできない。

そればかりか、逆に社員から反発を招いてしまう。

リーダーシップを示す最良の方法は、権威や権限ではなく、自分自身の背中と心で示すことである。

居心地のよい高層ビルの本社に居座り、リーダーシップを発揮しようとしても、誰も本気にしない。

21

よい経営理念がない企業、
それが全社員に浸透していない企業は、
方向舵のない船や
飛行機と同じである。

経営理念とは企業の存在目的であり、「わが社は何を通じて、世のため人のために貢献するか」についての、社内外に対する宣言文である。この意味では、経営理念がない企業、不明確な企業は、目的がないのと同じである。

仮に経営理念があっても、全社員の心に深く浸透していなければ、やはりないのと同じである。経営理念は、全社員を初めとする関係者が共感・共鳴できるような、心に響く内容でなければならない。

目的がなく、あってもそれが全社員の心に深く浸透していなければ、社員は方向舵のない飛行機や船に乗っているのと同じで、どこに行くのか、自分は何をすればいいのかわからず、不安のなかで仕事をすることになる。

幸せになりたいと思い、生き、働いている社員や顧客が、そんな企業にわざわざ来るはずがない。

ちなみに私は、これまで8000社以上の企業を訪問調査してきたが、これぞ、と思う経営理念が多々あった。そのひとつを参考までに示しておく。

「会社の目的は、社員の幸せを通して社会に貢献すること」(伊那食品工業)。

同社を嫌になってやめたという社員は、この50年以上、ほとんどいない。

22

経営者や幹部社員の最大の使命は、部下を管理することではなく、メンバーの成長をリード・支援することである。

「経営者や幹部社員の使命と責任は、部下を管理・監督することである」と解釈しているリーダーが多い。だから多くのリーダーが、「部下をいかにして管理し、頑張らせ、組織の成果を出させるか」に注力する。

しかし、それは間違いである。経営者や幹部社員の最大の使命と責任は、部下を管理・監督することではなく、組織のメンバーをリードすることであり、支援することだからである。部下たちが1日も早く自分を超えるように育てることだからである。

そしてより重要なのは、部下たちが成長したら、自分自身は邪魔にならないように身を処することだ。

ところが多くの経営者や幹部社員は、自身の最大の仕事を、「部下を管理・監督すること・手のひらにのせること」と勘違いし、その手からすでに飛び立つ力のついているメンバーを、小さなカゴに閉じ込め、管理という名の鋭い刃物で殺してしまっている。

経営者・幹部社員になったからといって、「人の上に立った」などと張り切りすぎてはならない。その最大の使命・責任は、組織のメンバーたちが働きやすく、価値ある成果を生みやすい環境を用意し充実させることだからである。

23

社員が求める経営者像・幹部社員像は、いつの時代も明確である。

社員や求職者が求め、一緒に仕事をしたくなる経営者像・幹部社員像は明確であり、昔も今も決して変わっていない。私の過去50年間、８０００社以上の現地研究、経営者インタビューの結果を踏まえて言えば、その像は、次の30項目に当てはまる人物である。

1　仕事がめっぽうできる人
2　いつでも明確な指示・アドバイスをしてくれる人
3　決断力がある人
4　任せてくれる人
5　聞く耳をもってくれる人
6　社員だけではなく、社員の家族も大切にしてくれる人
7　何事も公平に見てくれる人
8　誠実で倫理観・正義感の強い人
9　組織内の誰よりも努力している人
10　現場・末端を大切にしてくれる人
11　チャンスを頻繁に与えてくれる人

12 陰ひなたのない人
13 細かいことを言わない人
14 育ててくれる人
15 ネアカな人
16 責任を取ってくれる人
17 リスク・挑戦を奨励してくれる人
18 個性や人格を尊重してくれる人
19 正しくないことを強要しない人
20 自分を信頼してくれる人
21 何事にも情熱をもっている人
22 公私混同をしない人
23 フレキシブルな言動ができる人
24 自ら率先してくれる人
25 夢と希望をもっている人
26 叱ってくれる人

27　外部に自慢できる人・尊敬できる人
28　情報や問題・目標・成果をオープン・共有化してくれる人
29　ノミュニケーションを頻繁にしてくれる人
30　自らの引き際を知っている人

自分はいくつ該当するだろうか。

あなたの会社の経営者や幹部社員が、該当する項目が7割未満であれば、社員のモチベーションが低い最大の原因はそこにこそある。

「努力しても、7割以上というのはとうてい困難」という人は、1日も早く、そのポストを明け渡したほうがいい。

24

前へ前へと進まない経営者は、
年齢を問わず老害である。
倫理観や正義感の欠落した人は
経営者になる資格がない。
ともに組織を去るべきである。

起業家精神が著しく衰えてしまった経営者。

善悪の判断ができなくなってしまった経営者。

前へ前へと進まない経営者。

ラッキーな過去に思いをはせているばかりの経営者。

こうした経営者は、潔く経営の第一線から身を引くべきである。

正しくないことを社員に強要するような経営者も同様である。「正しいことをする」という、経営者の基本的な資質・姿勢が欠落しているからである。

こうした偽物の経営者やリーダーを上司として仰がなければならない社員は不幸である。

そうした組織では、社員のやる気の根幹である「尊敬」「信頼」は決して生まれない。

社員のやる気・働き甲斐を高めたいと思うのであれば、何をおいても目指すべきは、経営者やリーダー自身が、社員の信頼・尊敬に値する人間になることである。

それができない・嫌いという経営者や幹部社員は、経営者の資格がない。1日も早く組織を去るべきである。

そうしなければ、逆に、社員とその家族が不幸になってしまうだろう。

25

社員であった頃のことを忘れてしまうような人は、ろくな幹部社員・経営者にならない。

新入社員の多くがやめることを前提に大勢を採用したり、社員にノルマをかけたり、社員同士に過度な業績競争をさせるような企業が依然多い。

業績が低下すると、社長自身の報酬はさほど減額せず、頑張っている社員に希望退職を募るといった、バカげたことを平気で行う経営者もいる。

こうした経営者は、自分が社員であった頃に経験した、楽しかったこと、辛かったこと、嫌だったことを忘れてしまっているのである。経営者や幹部社員は常に、自分が社員だったら、自分が相手だったらという思いを心に、経営に当たらなければならない。

もうひとつは、多くの大企業に依然みられる、協力企業等への、まるでいじめのような理不尽な取引きである。異常な低単価発注、一方的なコストダウン、現金払いが常識の工賃仕事に対しての手形払い等である。

そうした大企業も、苦しかった、嫌だった協力企業・中小企業だった時代のことを忘れてしまっているのである。自分が協力企業だったら、自社が相手の立場だったら、という姿勢・思いを決して忘れてはならない。

26

同一組織においては、組織の長を超える人財は決して育たない。

いかなる組織でも、人格・識見・能力の総合力で、組織のトップに勝る社員はいないはずである。部や課といった単位においても同様であり、このことが、組織運営の原理・原則である。

もし、同一組織において、総合力が組織の長を明らかに超えていると思われる人財がいたとすれば、その人は組織内で１００％の力を発揮することができない。１００％発揮してしまうと、その人は、組織のなかでうまく生きていくことがむずかしくなってしまう。「社長や部・課長が、その人をうまく活かせばいいではないか」と言う人もいるかもしれないが、それは現実的にはムリである。

では、そうした社員に、その人がもつ総合力を１００％、惜しみなく発揮してもらうためにはどうすればいいのか。その方法は２つある。

ひとつは、組織の長が組織の誰よりも研鑽し、すべての組織構成員から尊敬され、目標となるような存在になることである。

そして、もうひとつは、もしそうした人財が組織内にいたなら、潔く自分の地位をその人に譲ることである。

27

決算書、特に損益計算書は、5人が経営者に与える唯一の通信簿である。

損益計算書は、企業のある期間の収支を示す書類といった程度の認識しかもっていない人がいる。

しかしこういう見方、考え方は間違っている。

損益計算書、特にその収支の差額である営業利益や経常利益は、企業に関係する5人が、企業、とりわけそのリーダーである経営者に与える唯一の通信簿だからである。

社長が部課長を、そして、部課長が一般社員を評価しているように、社会、特に5人は、社長や幹部社員が行う経営を評価している。

特に環境の激変もない平時においても、赤字を垂れ流している企業の経営者がいる。赤字でありながら、自身の報酬は減らさず、社員をリストラするような経営者もいる。そうした経営者は、企業を去るべきである。

正しい経営をしない経営者に、神様がご褒美としての利益を、顧客がお礼代としての利益を、くださるはずがないのである。

28

決断は損得・勝ち負けではなく、正しいか・正しくないか、自然か・不自然かで行う。

「やるか・やらないか」「右に行くか・左に行くか」といった最終決断は、その組織の長、つまり経営者の使命と責任である。

それが遂行できないのであれば、経営者としては失格である。

「決断」という職務は、きわめて重要である。もしそれを誤れば、多くの社員や、その家族を、路頭に迷わせることになるからだ。そればかりか、多くの人々に迷惑をかけてしまうからだ。

社員を路頭に迷わせず、幸せに導く決断をするにはどうすればいいのか。

そのためには、損得や勝ち負けとは別のモノサシで決断することだ。

決断しなければならない事柄を冷静に分析評価し、どうするのが正しいことなのか、正しくないことなのか、さらには、どうすることが自然なのか、不自然なのかをモノサシにして、決めるのである。

社員とその家族を初めとする5人にとって正しいか・正しくないかによって判断する。お天道様に顔向けのできる決断なのかどうかで判断する。

経営者は決して、自社あるいは、自分の都合をモノサシに決断をしてはならない。

29

経営者やリーダーは、常に自らに強い圧をかけて生きるべきである。

経営者や幹部社員になってしまうと、自分の経営の考え方や進め方についての耳の痛い話はなかなか入ってこない。人事権をもっている人に楯突く人は、めったにいないからである。

また社長や幹部社員も、言われたくないような意見や、聞きたくないような意見・情報を一社員に言われると、たいていは、まるで自分が否定されたような気持になる。

そして言った社員に、程度の差こそあれ反発心をもってしまう。

「よくぞそこまで言ってくれた」と感謝してくれるような度量の大きい人は、そうざらにはいない。

だからこそ、経営者や幹部社員は、常に自らに強い圧をかけ、正しい生き方をしなければならないのである。

自らに圧をかける生き方とは、「自分が社員だったら」とか「自分が顧客であったら」とか、さらには「自分が障がい者であったら」といった視点に立脚し、社員や顧客から信頼・尊敬される経営者や幹部社員になること以外にはない。

30

経営者や幹部社員が重視すべきは、短期の業績ではなく継続である。

多くの経営者や幹部社員は、企業経営の「使命」や「目的」ではなく、結果や手段にすぎない「業績」を高めることに、とりわけ関心が高い。

そして、業績を高めるためには手段を問わない。その年度の、その月の、その日の業績を上げるために、幸せにすべき社員にノルマを課し、協力企業には理不尽なことを強要する。そればかりか、企業の損得をモノサシに、顧客に平気で嘘をつく。こうした経営者や幹部社員の最大の関心事は、その時々の景気や流行などである。

しかし、こうした短期の業績を重視した経営は間違っている。景気や流行は必ず変化し廃れていく。そうなった時にはほぼ例外なく、社員を初めとする大切にすべき人々を犠牲にしてしまうからである。

長期的な視点で見る時、赤字にせざるを得ない年度があるかもしれない。しかし、恐れることはない。黒字にも健全な黒字と不健全な黒字があるように、赤字にもまた、健全な赤字と不健全な赤字の２つがある。

私たちは、短期の業績にこだわる企業よりも、社員とその家族を路頭に迷わせないために、潰さない経営、継続こそを重視する企業経営を高く評価する。

31

社員を路頭に迷わせるなら、経営者も一緒に路頭に迷うべきである。

好不況を問わず、多くの企業は業績が悪化すると、総人件費を削減するために、まずは非正規社員のリストラに踏み切る。それでもペイしない場合、今度は正規社員へのリストラを実施する。

しかしリストラを実施した経営者はたいてい、そのまま居座る。一方、リストラされた社員やその家族は路頭に迷い、生活の不安に直面する。

より許せないのは、黒字リストラを平然と実行する企業である。理由は「将来の不況に備えて」等という。

こうした経営の考え方・進め方は、根本的に間違っている。

人件費の削減が必要不可欠であるなら、まず大幅にカットすべきなのは、高額な経営者や幹部社員の報酬である。

自らの失敗を、罪のない社員になすりつけるような経営は、リストラされた社員ばかりか、残った社員の不信、反乱を招くだろう。

社員へのリストラを実施するなら、経営者や幹部社員は、その前に自らをリストラし、路頭に迷うべきである。企業経営においては、リストラをするのは、企業そのものを閉める時であるということを肝に銘じなければならない。

32

ワンマン経営・上意下達型経営ではなく、全社員にチャンスを与えよ。

社員のやる気を高める方法のひとつは、何かが決まってからではなく、その企画の段階から参画させることである。誰かが企画立案した事業は、たとえ優れていても、やらされ感が強くなるからだ。

逆に社員は、自分が企画立案した事業、自分が企画段階から参画したプロジェクトでは、何としても成果を上げようと努力する。

その意味では、部署、キャリア、性別、年齢等に関係なく、可能な限りすべての社員にチャンスを与えるべきなのである。

私がよく知る社員数3000人の企業がある。その企業では、1年に1回ではあるが、非正規社員を含む全社員に、「私の考える当社の新規事業」「私の考える当社のさらなる地域貢献」という2つのテーマで作文を提出させている。

これは全社員の、義務というより権利としての位置づけである。

私は、たまたまその試みの審査委員を務めていたこともあり、3000件のすべてに目を通す機会があった。驚くことに、はっと驚かされるようなよい内容の大半は、若い社員や女性社員、パート社員などからの提案だったのである。

私にとっても、最大の気づきであった。

33

過ぎ去った過去に
思いをはせるより、
これから始まる未来に
時間をかけるべきである。

あの時こうすればよかったとか、昔はよかったなどと、不幸な過去や幸運だった過去に思いをはせる人が意外に多い。

私に言わせれば、過去は二度と戻ってこないし、訂正も当然きかない。ならば過去に思いをはせるより、私たちの英知と努力で、いかようにもできる未来にこそ、時間をかけるべきである。

一流の人と、そうではない人との最大の違いは、もっている時間の長短ではない。

一流といわれている人もそうではない人も、人は皆、1日は24時間、1年は365日と、まったく同じである。

では、一流といわれる人と、そうではない人は、どこが違うのか。

一流といわれる人は明日への思いが強く、明日という未来のために多くの時間を費やしている。

そうではない人は逆に、過去への思いが強すぎ、明日に対する思いが少なく、十分な時間を未来のためにかけていないのである。

34

真の平等とは、
不平等に対しては
不平等の扱いをすることである。
不平等に対して
平等の扱いをすることは不平等である。

平等ということを、多くの人々は誤解している。

条件や状況が大きく異なる場合は、不平等にすることが平等になる。

例えば、交通インフラや生活インフラが整備された都市に住む人々と、都市から遠く離れた山間地の限界集落に住む人々を、同様に扱うのは不平等なことである。

また、小学1年生と高校生を、同じスタートラインから100メートル走らせて勝ち負けを競わせるのも、ばかばかしいくらいお粗末で不平等な競争である。

自分自身では解決困難な問題を抱えた障がい者や高齢者と、五体満足な健常者を同様に扱うのも、ばかげた不平等である。

基礎的前提が全く異なるからである。

つまり、真の平等とは、違いを認め、不平等（違い）に対しては不平等（違い）の扱い（下駄をはかせるような施策）をすることだ。

社内・社外を問わず、真の平等とは何かを認識して対処していかなければならない。

35

社長の報酬はほどほどがよい。

大卒新入社員の年収は、おおよそ300万円前後、40歳前後の社員の年収は、企業によりかなりばらつくが、中小企業で見ると、平均では400万円から500万円である。

しかし社長の報酬（年収）は、総じて高すぎる。東証1部上場企業の社長の報酬を見ると、平均では5600万円前後、役員は2200万円前後である。社長の場合は1億円以上も多く、なかには30億円以上などという社長もいる。

平均で見ても上場会社の社長の給料は新入社員と比較して約20倍、役員は約7倍である。30億円だと、なんと1000倍である。

その企業の支払い能力や、その企業に関係する5人の考え方もあるだろうが、どう考えても高すぎる。ではどれほどが「ほどほど」であろうか。

私は最高でも新入社員の5倍から6倍程度、できればそれ以下が望ましいと考える。

その根拠は、新入社員とは異なり、社長は24時間365日、経営のこと、5人の幸せを考えながら生きなければならないからである。

もちろん大半の時間を、自分事に費やしている社長には、この倍率は適用しない。年収を上げたければ、社員の給料を増やすことだ。

36

社員に定年があるなら、社長にも定年があって当然である。

大半の企業には社員の定年がある。しかし、経営者に定年がある企業はあまりない。たいていの社員は、60歳から65歳で、好むと好まざるとにかかわらず定年退職する。その後、嘱託社員などで70歳以降も働く人もいる。

一方、社長については、よほどのことがない限り、その年齢で社長職を退くことはない。その結果、80歳を過ぎても現役の社長職に就いている人がいる。それどころか、90歳を超えてなお、代表権をもった現役の社長や会長という人もいる。

こうした高齢経営者の言い分は「まだ元気だから」とか「後継者が育っていないから」とか、さらには「この危機を乗り越えることができるのは、自分しかいないから」等である。こうした言い分を、まともに聞いている社員や関係者はほとんどいないだろう。

経営者も、社員と同じように、自らの定年を決めるべきである。

そして経営者の定年は、必ずしも「年齢」によるものだけではないことを知っておくべきである。

37

経営者の定年のシグナルは3つある。3つに該当していたら、すぐにでも退出すべきである。

経営者の辞め時のシグナルは3つある。

第1は、起業家精神が明らかに低下したと思われる時である。3年続けて本や新聞、雑誌などを読む量が低下したり、講演会や企業見学などに行く機会が低下していれば、それは新しいことへの関心が薄くなり、学ぶ意欲が減退してきた証拠であり、起業家精神が萎えてきているということだ。

第2は、平時で2年連続赤字決算を余儀なくされた時である。顧客や社会に、経営者として評価されていないという意味だからだ。

第3は、後継者が育った時である。後継者が育ったか否かは、客観的評価をしてくれる信頼のおける仲間・友人の声に真摯に耳を傾けるのがよい。特に後継者が親族である場合、社長の評価基準は、得てして厳しすぎたり、逆に甘すぎたりする。だから第三者的な視点で評価してもらったほうがいいのである。

この3つのいずれかの現象が出てきた場合は、それを定年のシグナルととらえたほうがいい。もし、3つとも顕在化している場合には、即定年である。そして定年後は、できれば代表権は返上し、遠くから企業の成長・発展を見守ることである。

38

最終ランナーである経営者はいない。経営者はすべて中継ぎランナーである。

陸上競技の400メートルリレーや800メートルリレーは、4人が走者である。4人とも同じ距離を走るが、1人だけその役割が全く異なる。

第1走者から第3走者の役割で重要なのは、次の走者ができるだけ早く最高のスピードで走れるよう、最も受けやすい位置でバトンを渡すことだ。

しかし第4走者は、第1から第3までの走者とは異なり、受けたバトンを渡す相手がいない。最終ランナーだからである。だから、ゴールしたとたん、バトンを握りしめたまま、精魂尽き果てて倒れこんでもかまわない。

これを経営者で例えれば、創業経営者は第1走者であり、後継経営者であれば第2走者、あるいは第3走者ということになる。

ところが、自分自身を第4走者と勘違いしている経営者がことのほか多い。その結果、十分に時間をかけて後継者を育てなかったり、後継者が成果を上げるための未来投資をおろそかにしてしまう。

すべての経営者は最終ランナーではない。誰かに必ずバトンを渡さなければならないランナーであることを強く理解して、経営にあたるべきである。

39

後継者には、才より徳のある人を選べ。

毎年、多くの企業が廃業あるいは倒産している。その主たる理由は、後継する人がいないとか、後継者選びの失敗などである。

後継者選びの失敗で典型的なのは、後継者としてふさわしくない人を後継者にしてしまったケースである。

親族であるとか、かわいそうだからとか、長くがんばってくれたからとか、さらには、最も仕事ができるから、といった理由である。

こうした後継者の選定の基準は間違っている。

トップではなく幹部社員ならまだ、それらの理由で登用してもいいだろう。しかし企業のリーダーである後継者の選定は、以下の2つが必須条件である。

1つは、企業の存立目的である経営理念を最も正しく理解し、理念に基づく言動をぶれず行っている人。

2つは、好不況を問わず、社員や家族、とりわけ弱い人々を、最も愛し、大切にしている人である。

後継者は、才よりは徳のある人、徳の優れた人を選ぶべきである。

40

社長と会長の最大の違いは、我慢の度合いである。

社長を退任した後、多くの社長は、代表取締役会長に就任するケースが多い。金融機関との信用保証や担保の関係、さらには後継者そのものの問題もあり、一時的にやむを得ない場合もある。しかし理想的には、代表権は返上し、取締役会長や相談役、あるいは顧問という肩書になったほうがよい。

そして会長になったら、現業や経営のやり方・進め方に、あまり口を挟まないことだ。たとえ役割分担をしても、全体に関する決断は、社長か会長のどちらかがしなければならないからである。

しかし、結局は院政が敷かれ、社長とは名ばかりで、実質は会長補佐役といったケースが多い。これでは社長は会長の言動を気にするあまり、独自性発揮の経営ができないばかりか、社員も二頭政治に振り回されてしまう。

代表権の有無にかかわらず、社長と会長の違いは、我慢の度合いである。具体的に言えば、会長は社長より早く出社すべきではないし、社長より遅くまで居残るべきでもない。会議の場で真ん中に座るようなことがあってはならないし、発言も社長より少なくしなければならない。

会長職の鉄則である。

memo

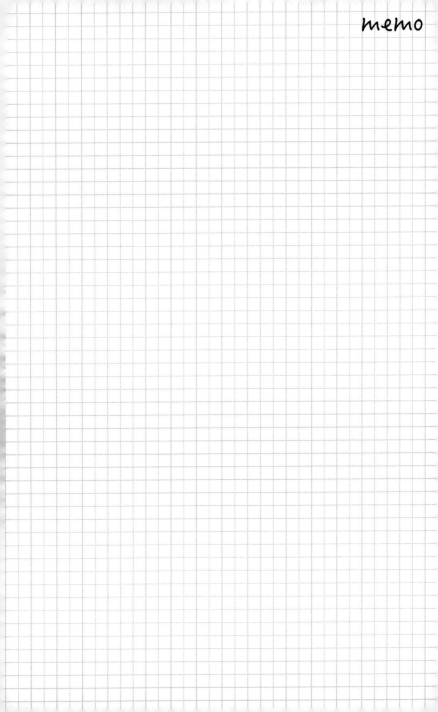

第3章

企業の「やり方」についての28の指針

41

企業の盛衰は、需要の原理ではなく、供給の原理、つまり「有効供給の有無」で決まる。

伝統的経済学では「不況は有効需要の不足によってもたらされる」とある。だから不況を克服するためには、公共事業を発動させ、連鎖的に有効需要を創出したり、結果として有効需要が発生するよう、金利を下げる方策をとる。

今や、こうした伝統的景気対策は、ほとんどといっていいほど効果がない。このことは、これまで巨額の公共事業を行ったり、実質ゼロ金利時代としているにもかかわらず、同意を示さない市場の現実を見ればよくわかる。

しかし、より明らかな事実は、好不況にかかわらず、長期にわたって好業績を持続している企業が、全国各地に数多く存在していることである。

つまり問題の所在は、有効需要の不足ではなく、有効供給の不足なのである。

事実、長期にわたり好業績を維持している企業に共通しているのは、好不況にかかわらず、顧客が喉から手が出るほどほしくなる感動商品や感動サービスを創造し、それをタイムリーに市場に提案をしている点である。

この意味で言えば、好況も不況も経済全体の状況を示す言葉などではなく、個々の企業の業況を示しているにすぎない、ととらえればよいことがわかる。

42

マクロではなく、ミクロが時代をつくる。

いつの時代も、マクロではなくミクロ、とりわけ尖ったミクロが時代をつくってきた。

マクロとは全体、多数派のことであり、ミクロとは、個、少数派のことである。

尖ったミクロとは、常人では考えもつかないような、斬新な発想や行動をする個人や企業のことであり、なかには奇人、変人と呼ばれる人もいる。

長い歴史を紐解いても、こうした人々の大半は、時代や平和の破壊者と見なされ、迫害されたり、ひどい場合、抹殺されてきた。

しかしいつの時代でも、企業や個人を問わず、奇人・変人扱いされるミクロが時代の先駆けとなり、行動を起こし、やがて、まるで蜜に蟻が集まってくるように、周囲に影響を及ぼしていく。

そしてやがて、誰でもが気づくような数、大きさになっていき、時代の常識・理論となっていく。

こうした歴史の事実を見れば、学び、注視すべきは、多数派の言動や確立された学理論ではなく、奇人、変人、異端と呼ばれる個人や企業の言動、非常識・異端とさえ言われる学理論であることがわかる。

43

急成長・急拡大は、成長ではなく膨張である。避けなければならない。

企業の成長は、構成員である社員の成長の総和である。つまり企業は、社員が成長した分だけ成長する。

例えば、社員が前年比5％しか成長していないにもかかわらず、会社の売上高が10％伸びたとしたら、その差である5％分はバブル・膨張と考えていい。

でなければ、社員に重い負荷をかける、犠牲の上に成り立った数字である。

なかには、売上高が年率30％アップとか、倍々ゲームといった会社もある。しかしそれはあまりにも急な拡大、急な成長であり、未来に危険が横たわっているとみるべきだろう。

今日の状況は、かつてのような高インフレ時代、高金利時代とは真逆である。企業の業績の伸びは、せいぜい10％前後かそれ以下で十分と思われる。

もし10％を大きく上回るビジネスチャンスがあっても、そこにはあえて手を出さない。それが正しい経営である。

私の調査では、不自然な急成長・急拡大をしている企業の内容は常に危ういものだし、そうした企業の転職的離職率は、年輪経営・安定成長経営をしている企業と比較して異常に高いのである。

44

景気や流行を追ってはいけない。期待してはいけない。

人を大切にするいい企業の経営者は、現場重視、社員重視、コミュニケーション重視、利他重視など、共通する特徴が多々ある。

このような経営者は、「景気や流行は決して追わない・期待しない」「急拡大・急成長はしない」という強い信念のもとに経営をしている点でも共通している。

当然だと思う。景気や流行は、やがて必ず廃れる。それを追いかけるような経営をしていたらどうなるか。

景気が悪化したり、流行が廃れた時、企業は大きな傷を負い、その手当をするために必ず誰かを犠牲にした経営に走るだろう。

景気がよい時も同様である。好景気に乗って急拡大・急成長しても、それはその企業の実力ではなく、環境利益であり、バブルである。平常な状態になって元の自然・実力に戻った時には、再び多くの人々に迷惑をかけてしまう。

社員やその家族を初めとする5人の人々を幸せにしたいと思うのなら、また誰かに迷惑をかけたくないと思うのなら、企業は決して、景気や流行、急成長・急拡大を追ってはならない。

企業が追求すべきは、企業経営の使命であり本質である。

45

不況は、経営者ばかりか社員の本性も顕在化させる。だから時々不況になったほうがいいのである。

経営者や社員の本性は、企業経営が順調な時には潜在化しているが、不況、特に大不況になると顕在化する。

まともな経営者は、大不況で企業業績が極度に悪化したとしても、誰ひとりとしてリストラをせず、社員とその家族の命と生活を守るための対策を講じる。対策のひとつは、自分自身の報酬の大幅なカットである。

一方、偽物の経営者は、自身の報酬をそれほどカットせず、社員をリストラしたり、社員の給料を大幅に下げたりする。

このことは、そこで働く社員が、まともな社員か、それとも偽物の社員か、でも当てはまる。

偽物の社員は、家族・仲間である社員のリストラや、成果を上げることのできない社員の給与の大幅なカットを当然とみる。

しかし、まともな社員は、そんな理不尽なことは決して認めない。そして自身の給料を下げてでも、仲間の命と生活を守ろうとする。

偽物の経営者や社員をあぶり出すためには、時々不況になったほうがよいのである。

46

不確実な未来を憂慮するより、確実な未来に備えるべきである。

景気がこれからどうなるかとか、株価や為替レートがどうなるかとか、さらには、ライバル企業が今後どんな経営戦略を立てるのか、といったことは、いずれも不確実なことである。

こうした不確実・不透明な未来に対して的確な手を打つことは、不可能といってもよい。こうした、どうにでも変わる可能性のある事象を重視した経営、その対応に主眼を置いた経営をすれば、状況の変化のたびに一喜一憂することになり、企業経営は大きくぶれてしまう。

そんなことに頭を悩ませる時間や資金があるなら、経営者は確実な未来に備える努力をすべきである。不確実な未来を憂慮していても何も生まれない。

確実な未来とは、経済社会のなおいっそうのボーダレス化、グローバル化、さらにはネットワーク化、ソフト化の進行であり、加えて言えば、地球温暖化や少子高齢化のさらなる進行などである。

確実な未来を不安に思うことはない。確実な未来は、企業に多くの新しいビジネスのヒントを提供してくれるからである。

47

「問題」とは、あるべき姿
マイナス現状のことである。
その「問題がない」ことこそが
問題である。

「問題」とは、あるべき姿マイナス現状のことである。例えば100点満点の試験で、100点を取ることが理想という人が60点であれば、その人にとっては100点マイナス60点で、つまり40点が解決すべき「問題」である。

この意味では、あるべき姿と現状が、数値化・見える化されていなければ、そもそも「問題」があるかないかもわからない。ところが多くの企業は、この基本的な問題論への認識が甘いといわざるを得ない。

というのも、「問題」をさまざまな場面で口にしている経営者や幹部社員の多くは、企業経営の未来のあるべき姿と現状を、定性的・定量的にとらえていないからである。

これでは多くの社員は、組織のために自分は何をどうすればよいかがわからず、本領を発揮できるはずがない。

また、あるべき姿をどこに置くかも重要である。

100点に置くか80点に置くかである。そのレベルによって、問題の所在や規模、対策の仕方も大きく異なるからである。

48

問題には、現象問題と本質問題の2つがある。経営者が対処すべきは本質問題の除去である。

問題には、本質問題がもたらした現象問題と、その現象問題を発生させた本質問題の2つがある。厄介なことに、この2つの問題は現象がそっくりであるため、とかくその対処を間違いやすい。

例えば高熱を発した場合である。風邪でも、がんなど重大な内臓疾患のある場合でも、高熱が出る。もしその高熱が、風邪が原因であれば、深刻に考えることはない。風邪薬などを飲み、しばらく安静にし、体力が回復すれば、やがて治癒する。身体にメスを入れて手術をする必要はない。

しかし、その高熱の原因が単なる風邪などではなく、がんを患っていることが原因であれば、風邪薬を飲んで安静にしていても治癒することはない。1日も早く入院してがん細胞を除去しない限り、高熱はいっこうに下がらない。

このことは、企業経営でも同様である。

売上高や利益額の減少は、本質問題ではなく現象問題なのである。そして経営者が対処すべきは現象問題ではなく、本質問題の除去である。

対処法のヒントは、「なぜなぜ運動」にある。

49

一時的問題と構造的問題を見間違えてはいけない。

変化と、変化から発生する問題は、その復元性、つまり、元に戻るか戻らないかという意味で、2つの性格がある。

程度の差こそあれ、やがて元に戻る変化・問題は、一時的・一過性的な変化・問題である。景気や冷夏、猛暑といった自然現象がこれである。好況があれば必ず不況になるし、どんなに寒い冬でも、春になれば再び暖かくなる。

もうひとつの変化・問題は、決して元には戻らない、構造的・根源的な変化・問題である。経済社会のボーダレス化、グローバル化、ネットワーク化やイノベーションなどの変化と、それがもたらす問題である。

これら2つの変化・問題は、対処の仕方が全く異なる。一時的な変化・問題に対しては一時的・一過性的な対策でよいが、構造的・根源的な変化や、それがもたらす問題に対しては、構造的・根源的な対策が必要だからである。

しかし多くの企業を見ると、一時的・一過性的な変化・問題に対して構造的・根源的な対策を講じ、構造的・根源的な変化・問題に対して一時的・一過性的な対策を講じていることがあまりに多い。だから問題解決が長引くのだ。

両者の判別は、「5つの眼」で事象を観察することである。

50

時代（次代）は
５つの眼で読む。
そうすれば
間違うことはない。

企業は環境適応業・時代適応業である。環境や時代は刻々と変化するので、変化適応業といってもいい。このことは企業だけでなく、地球上を生きるすべての生物にも該当する。力が強い、体の大きい生物が生き残ったわけではなく、その時々の環境に適応した生物だけが生きながらえてきた。

しかし、時代・次代を読み間違えない生き方・経営をしていくのは、決して容易なことではない。ボーダレス化、グローバル化、ソフト・サービス化、さらにはネットワーク化、多様化の進行のなか、経済社会はなおいっそう不確実・不安定になっているからだ。

こうした時代に的確な判断をし、変化に適応していくためには、これまでの経験値や直感頼みでは危険極まりない。次の5つの眼で時代・次代を読み解くことが必要である。「主観ではなく客観」「短観ではなく歴史観」「ローカル観ではなくグローカル観」「現象観ではなく本質観、原理・原則観」そして「机上観ではなく三現観（現場・現物・現実）」である。

この5つの眼で見れば、時代・次代を大きく読み間違えることはない。

51

異常が長く続くと、異常があたかも正常に見え、正常があたかも異常に見える。

世のなかには、正常なことと異常なことがある。バブル期の株価や地価、税収や企業の業績と比べて、近年の経済指標の低さを嘆いている関係者もいるが、比較すること自体が間違っている。

バブル期と、その前の10年間、20年間の経済指標を比較すれば、バブル期の指標が特出して異常なことぐらいすぐわかる。異常と比較すれば、正常のことまで異常に見えてしまうのである。

また、一時的な異常は、自然の摂理によって短期間で収束するのが普通だが、時として、想像を絶するほど長く続くことがある。

そのため多くの人々は、異常を正常と勘違いしてしまい、異常をモノサシにして生きることを考える。

「異常が長く続くと、異常があたかも正常に見えてくる」のだ。

「山高ければ谷深し」ではないが、ラッキーな異常が長く続いた場合、そのラッキーな異常を正常に戻すために、「つらい正常」が同じくらい長く続くのは当然なのである。

52

中小企業には、決してやってはいけない3つの競争がある。

中小企業には、決してやってはいけない競争がある。

第1は価格競争。第2は規模競争・成長競争。そして第3は、社員間での業績競争である。

価格競争をすれば、必ず他社との競争見積もりにさらされる。仕事を取った・取られたということに一喜一憂し、やがて親しい同業者を失うばかりか、社員を心身ともに疲弊させていく。

また、企業規模や成長というのは、そもそも目的を実現するための手段とその結果である。にもかかわらず規模競争・成長競争をすると、それらを目的とするような経営に走ってしまう。そうした経営の主たる関心事はライバル企業や業界の動向となり、無理な投資、バランスを著しく欠いた経営となることが多い。

社員間の業績競争は、本来、同士であるべき組織の仲間を、勝ち組・負け組に二分してしまう。その結果、職場内は助け合うどころか、疑心暗鬼となってギスギス感がはびこる。そして、本来、掛け算であるべき「人」から生み出される生産性は、掛け算どころか引き算となってしまう。

最良の競争は、負け組をつくらない競争である。

53

価格競争は人を幸せにしない。

企業の競争力には、大きく価格競争力と非価格競争力の2つがある。価格競争力とは文字通り、価格の安さをセールスポイントとする経営で、この経営は常に発注者からの競争見積もり・相見積もりにさらされる。

そればかりか、相手はまるで足元を見透かすように、理不尽な取引きを強要してくる。こうした競争力では、中長期のスタンスに立っての人財確保・育成や、研究開発が困難になる。価格競争は人を幸せにする経営ではない。人を苦しめ、犠牲にする経営だから、1日でも早く決別したほうがよい。

企業がもつべきセールスポイントは、非価格競争力である。具体的にいえば、商品力やサービス力、技術開発力、ビジネスモデル力、スピード力、さらには人財力・社員力といった価値である。つまり、その企業でしか創造・提供できない価値である。

過去30年以上、日本の企業数は激減し続けているが、そのほとんどすべてが価格競争型企業であった。私たちの調査研究によれば、日本の企業のその割合は、価格競争型企業が81%、非価格競争型企業は、わずか19%だった。ここにこそ、長期にわたるわが国企業の停滞の原因がある。

54

特定少数の企業や市場に、過度に依存してはならない。

企業経営で最も重要な指標は、事業の生産性や収益性ではなく、経営の安全性・健全性である。

企業経営の使命と責任は、社員とその家族を初めとする5人の命と生活を守ることであり、絶対に企業を潰さず、永続させることだからである。

だからこそ、いかなる激動にも耐えられるほどの、盤石な経営が重要なのである。

盤石な経営、不安定に強い経営の実践方法は多々あるが、そのひとつが、ある特定の企業や市場に過度に依存・期待しない経営である。

具体的に言えば、まずは独自の技術を創造し、確保することである。

そしてその技術を横展開し、多種・多様な市場の、可能な限り多くの、いい企業と取引関係をもつことである。

例えば、自動車部品の仕事が80%以上、A社の仕事が70%以上という経営は、万が一のことを考えると、あまりにアンバランスであり危険極まりない。

重要なのは効果・効率ではなく、不安定をものともしない経営、激動に耐えられる経営である。

55

時代は
免責のサービスではなく、
感動・驚愕の
サービスを求めている。

経済が豊かになればなるほど、人々が求めるサービスのレベルは高次化する。物的満足度が強く求められる時代は、サービスへの関心は総じて低く、「義務的サービス」や「当然サービス」といった、言わば免責のサービスレベルでも、それほど多くの顧客を失うことはなかった。

しかし物的欲求がほぼ満たされ、代替需要や選択需要が買い物の中心となり、モノよりも心をより満たしたいと考える人々が多数派となった今日では、免責サービスのレベルでは、選択需要に応えることができないばかりか、心の需要を満たすことなど、とうていできない。

当然ながら、求められるサービスのレベルは、さらにいっそう高次化することになる。つまり、第1段階の「義務的サービス」、第2段階の「当然サービス」、第3段階の「期待サービス」のレベルから、より高次の欲求である第4段階の「感動サービス」や、第5段階の「驚愕・感嘆サービス」が強く求められる。

こうした、より高次の欲求を満たすことのできない企業は、やがて顧客から捨てられることになる。その対策の担い手は、人柄のよい社員である。

56

顧客には、現在顧客と
未来顧客がある。
どちらも同様に
大切にしなければならない。

企業経営では、顧客を「買い物に来てくれた人」「買い物に来てくれなかった人」に2分してしまう傾向がある。

特に大量の商品を購入してくれた人をAランク客、ある程度購入してくれた人をBランク客、少量を購入してくれた人をCランク客と評価づけし、その他の、お店に来ただけの人、トイレを借りに立ち寄っただけの人、道を聞きに来ただけの人は顧客とは見なさない。

こうした評価・区分は間違っている。

というのは、その時のスタッフの対応の仕方で、「たまたま客」が「わざわざ客」になったケースや、「たまたま客」の友人が「大金持ち」であったというケースは、山ほどあるからだ。

その意味では、顧客を「買ってくれた人」と「買わなかった人」という区分ではなく、現在顧客と未来顧客として評価し、どちらの顧客に対しても感動価値、驚嘆価値を提供すべきなのである。

57

本社は限りなく
小さいほうがよい。
本社要員は、
本社の正当性を示すために、
次から次に「管理」という
くだらない仕事を
つくるからである。

多くの企業は、自社の経営問題を、生産や販売、あるいは研究開発の問題ととらえ、その現場の改善・改革活動に取り組む。

しかしより大きな問題は、そこに指示を出している本社であることが多い。工場や営業、研究サイドの問題の多くは、本社がつくり出したものであることがほとんどだからだ。

そのひとつが、本社の規模の問題である。私に言わせれば、規模が大きすぎる。

ここでいう本社とは、人事・経理・総務・情報システムなどの管理部門だが、それらに所属し、管理業務を日常的に行っている社員が多すぎるのである。総人員の10％以上の企業はざらで、なかには15％前後の企業もある。

本社は総じて居心地がよいので、誰も「社員が多すぎる」とか「もっと現場に振り向けるべきだ」などとは言わない。それどころか、自らの正当性を誇示しようと、次から次に、現場を管理するためのくだらない仕事をつくる。その結果現場は、本来顧客に振り向けるべき時間を、本社への書類提出のために費やす。

では本社の規模は、どの程度が適正なのか。小さければ小さいほどよいが、「いい企業」の場合はおおむね5％前後以下である。

58

企業にとっては
1%の不良品であっても、
それがたまたま当たった
顧客にとっては
100%の不良品である。
「たった1%」ではない。

腹の虫の居どころの悪いひとりの社員が、劣悪なサービスを行ったとする。企業にとっては、多くの社員のうちの「たった1人」である。しかし、それがたまたま当たった顧客にとっては、1%ではなく100%の不良サービスである。

「1%くらいは……」と考えて放置しておくと、取り返しのつかないことになる。顧客を顧客とも思わないような迷惑千万なサービスの提供を受けた顧客は、二度とその企業に行かなくなるからだ。

それどころか、そこで体験した劣悪なサービスを親しい仲間に伝え、その仲間がまた仲間に伝えていく。悪い評判はまるで伝染病のように広がっていくだろう。

その企業の経営者が問題の本質に気がついた時には手遅れ、ということがよくあるのだ。

1%も不良品を出さない方法は多々あるが、そのひとつは、人柄のよい人財を確保・育成し、彼ら・彼女らがいつでも、どこでも、顧客が感動するような仕事をしてくれるような経営をすることである。

「たかが1%」ではない。

59

最高の営業は、営業をしない営業である。

営業や販売に多くの社員を投入している企業や、多額の広告宣伝費用をかけている企業があるが、それらが、いい企業というわけではない。

事実、いい企業を調べてみると、営業や販売を主に担当する社員や、売上高に対する広告宣伝費が少ないのが特徴である。つまり、いい企業は、「営業をしない営業」を実践しているのだ。

営業をしない営業とは、リピーター率を高める営業であり、顧客の口コミ・紹介を増やしていく営業である。顧客が追いかけてくるような営業といってもいい。

こうした企業においては、企業と顧客の間に、顧客がまるで社員、ファン、サポーターであるような関係性がある。「私のお店」「私が見つけた自慢の商品」とばかりに、たくさんの知人や友人に拡散している。

逆に、それらが少ない企業は、新規顧客の開拓・確保に躍起になるしかない。社員に営業ノルマや社員同士の競争を課して、心身ともに苦しめる。

ちなみに、「日本でいちばん大切にしたい会社」大賞の第1次審査項目のなかに、リピート率と口コミ客・紹介客率という指標がある。審査通過の基準は、前者は80％以上、後者は50％以上である。

60

企業経営は個人戦ではなく、団体戦・チーム戦である。

企業経営は、スポーツに譬えると、柔道や剣道、あるいは、ボクシングや相撲といった個人戦ではない。野球やサッカー、あるいはバレーボールやバスケットボール、ラグビーなどのチーム戦・団体戦である。

個人戦の場合は、勝ち負けのすべての責任は個人に属する。しかしチーム戦・団体戦の場合は、勝ち負けの責任は、チームメンバー、団体メンバーの全員にある。

スポットライトが当たるポジションにいるメンバーも、ベンチを温め続けるメンバーも、勝利すれば全員で美酒に酔いしれる。

逆に試合に負けて敗退すれば、全員が悔しい酒に酔いしれて涙する。

これが、チームである企業経営の原理・原則である。

しかし意外なことだが、このことがわからず、企業経営をまるで社員同士の個人戦のように考えている経営者が多い。

そんな経営をしていたら、企業内に「お互いさま」風土など醸成されるわけがない。それどころかギスギス感がはびこり、社員同士の足の引っ張り合いになってしまう。

そんなチームが、勝てるわけがないのである。

61

経費には、ケチってよいものと、
どんな時代であっても
決してケチってはならないものがある。

経費には、今日のためにかける経費と、明日のためにかける経費の2種類がある。前者は現在経費であり、後者は未来経費である。

前者に該当する経費は、社員の給料や商品の生産や販売等、今日の企業活動を維持するために必要不可欠なものである。

一方、後者に該当する経費は、人財の確保や育成にかかわる費用や、新商品開発などのための研究開発費・市場調査費などである。

両者の最大の違いは、現在経費は、今日かけなければ今日の経営ができないが、未来経費は、今日かけなくとも、今日の経営だけは何とか維持できるということである。

未来経費は、今日かけたところですぐにその成果が出るようなものではないが、かけ続けなければ未来が危くなるような経費である。一種の種まきのような経費であるといってよい。

だからこそ、企業を継続させたいと思うなら、未来経費を決してケチってはならないのである。

62

企業という場は、人生最後の長い長い学びの場・教育の場である。

大学や大学院での学びが、人生最後の学びの場と思ったら大間違いである。人生最後の学びの場は、「企業」という名の「ビジネススクール」である。

この学びの場は、人生で最も長く、働いている限り続く。

一方で企業の成長・発展は、社員の成長の総和である。社員の成長なくして企業の成長はあり得ない。それゆえに企業は、社員を日々成長させる「スクール」でなければならない。

だからこそ、成長発展している企業は、社員教育に熱心なのである。

では、学びの場、教育の場としての企業の使命と責任を果たすには、どの程度、教育に時間やお金をかけるべきなのか。

そのバローメーターは3つである。

第1は、売上高に占める教育訓練費が1％以上

第2は、社員1人当たりの年間教育訓練費が10万円以上

第3は、年間所定外労働時間に占める教育訓練時間が5％以上

この3つのいずれかに該当していれば、その企業は教育企業であるといえる。

63

リストラは
やがて企業を滅ぼす。

企業の業績が悪化すると、多くの経営者は希望退職者の募集など、社員のリストラを行う。いの一番に犠牲になるのは、いつの時代も、高齢者や障がい者、派遣社員やパート職など、社会的・経済的な弱者である。

好況時、油まみれ汗まみれになって頑張ってくれた人々を、紙切れ1枚でお払い箱にしてしまう。そして、再び好況に戻ると、まるで何事もなかったかのように「また忙しくなったので働いてください」と平然と言う。

家畜や原材料ではないのである。不況のたびにこんな理不尽な仕打ちを受けている人々が、企業への愛社心や忠誠心をもつはずがない。

かろうじて残った社員の心も、穏やかではないだろう。「次は自分かもしれない」と疑心暗鬼に陥るからである。

企業に不信感をもった社員が、顧客に感動を与えるような商品やサービスを創造・提案するはずがない。それどころか、そうした企業にはいずれ見切りをつけるだろう。

そして企業はやがて、もぬけの殻になる。

64

冷たい大企業が中小企業から選別され、捨てられる日は近い。

多くの中小企業は長らく、すべてではないものの、大企業がこれまで行ってきた理不尽な外注政策に泣かされてきた。

しかしこれからは逆に、大企業が中小企業から選ばれる、あるいは捨てられる時代になっていくだろう。

その理由のひとつは、大企業も一目置いている優秀な中小企業は、これまでの上から目線の取引に嫌気がさし、自社商品を創造して脱下請・自立化の道を歩もうとしているからである。加えて言えば、特定の企業への依存度を戦略的に低下させようという動きもますます顕著になっているからである。

もうひとつの理由は、いわゆる「おんぶにだっこ型」の中小企業は、夢と希望をなくし、廃業の道を選ぶケースが続出しているからだ。そうした中小企業の大幅な減少や、頼りになる中小企業の大企業離れは、今や組立産業化・ファブレス企業化している大企業の存立基盤そのものを根底から揺るがすことになる。

大企業は、中小企業を横並びのパートナー企業として明確に位置づけ、相手が大切にされていると感じるような取引をすべきである。それができない大企業は、中小企業に捨てられていくだろう。

65

経営活動には、
不可能なことはほとんどない。
ただただ
時間がかかるだけである。

「雨垂れ石をも穿つ」という格言は、筆者の座右の銘のひとつである。あの小さな雨垂れでも、長い年月をかければ硬い岩盤でも破壊してしまうという意味である。

企業経営におけるさまざまな問題への対処も、このことが当てはまる。

経営問題の多くは、できないのではなくやらない、できるまでやり続けない結果現象である。

ある人は、このことを「失敗とは、失敗のことを言うのではなく、成功するまでやり続けなかったことだ」と言っている。

人財育成や新商品開発なども同様である。

私の調査では、「日本初」とか「世界初」といった偉大な商品や技術の開発は、10年以上かかるのが一般的である。

しかし多くの企業は、人財育成や新商品開発がそれほど長くかかることを想定していないため、もう少しで地上に芽が出そうになっているのに、試みを打ち切ってしまっている。

覚悟と準備のない人財育成や新商品開発は、逆に社員を不幸にするだけである。

66

下請は、永遠に続ける経営ではない。

製造業であれ流通業であれ、経営の独立度・自由度から、独立企業と下請企業の2つに分けることができる。

不況になった時に衝撃が大きいのは、下請企業である。下請企業は、不況時になると、市場の動向もさることながら、受注する仕事の量が発注者の意向に強く左右されてしまうからである。

また、下請企業をまるで、景気の調整弁のように利用している企業も多々存在する。下請企業は不況のたびに、理不尽な取引きを余儀なくされがちだ。

しかし多くの下請企業は、発注者に対して、面と向かって歯向かうことはできない。歯向かったが最後、明日の発注をストップされてしまうかもしれないからである。胃に穴があくような経営である。

なかには、「ここまでやってくれるのか」と驚くほど協力会社に手厚い発注企業もあるが、多くは、「こちらも世界的な競争のなかで生きていかなければならない。下請に我慢してもらうのは当然だ」という姿勢である。

下請企業は、企業として永遠にやるべき業態ではない。自主独立企業になるための準備期間である、と位置づけた経営が必須である。

67

協力企業・仕入先に対して理不尽な取引を強要してはならない。

どんな業種においても、単独でビジネスがすべて成立しているような企業は、世界中に1社も存在しない。すべての企業は、程度の差こそあれ、他社の支援・協力によって成立している。そのひとつが協力企業、仕入先、下請企業などと呼ばれる企業である。ブランドメーカーなどの発注企業は、それらの企業に、自社ではできない・やりたくない仕事を発注し、完成品の生産や販売をしている。

しかし依然、すべてではないものの、多くの協力企業、仕入先、下請企業は、発注企業の高飛車な取引姿勢や、明らかに理不尽と思われる取引を強要されて苦しんでいるのが実態である。

こうした関係性は、どう考えても間違っている。より心配なことは、こうした関係に嫌気がさした協力企業、仕入先、下請企業の廃業が加速度的に進行し、わが国自慢の高度に細分化されたピラミッド型産業システムが、音を立てて崩壊してしまうことである。

「誰かの犠牲の上に成り立つ経営は、決して長続きはしない」ことを肝に銘じ、自分が相手だったらという姿勢で、好不況を問わず、取引先を大切にする経営をすべきである。

68

いい企業になりたければ、いい企業と取引することである。

「いい人間になりたければ、いい人とお付き合いすることだ」といわれる。

このことは、企業の取引先の選定でも同じことがいえる。

「仕事を出してやっている」といった上から目線の企業と取引していては、とうてい「いい会社」になることはできない。

経営者が「社員を幸せにしたい。そして自分も幸せでありたい」と考えても、不可能な話である。

取引すべき「いい企業」とは、次の①から⑩までの条件を満たす企業である。

①対等なパートナー企業として評価し位置づけている
②一方的なコストダウン等は決してしない
③支払いは手形ではなくすべて現金である
④締め後の支払日は20日以内である
⑤第三者から、長期にわたって取引している仕事の競争見積もりをとらない
⑥理不尽と思えるような納品はさせない
⑦適正単価で発注をする

⑧改善提案で得た利益を横取りしない
⑨受注者に瑕疵がないのに転注や内作化はしない
⑩残業せざるを得ないような発注や納期を定めない

これらに該当しない企業は、相手企業を幸せにしないブラック企業なので、可能な限り早く、こちらから取引はやめるべきである。

第4章

「企業と社員」についての19の指針

69

企業の最大の商品は、社員という名の商品である。

企業の最大の商品は、その企業が生産・販売する商品やサービスではない。生産力でも技術力でも、販売力、ビジネスモデルなどでもない。企業の最大の商品は、社員という名の商品である。

価値ある商品やサービスを創造・提案してくれるのは、いつの時代も、誰でもない、一生懸命頑張ってくれている社員だからである。

優れた商品やサービスは、価値ある社員がいたからこそ創造・提案できた、いわば結果力だからである。

物的成熟化社会、国際的企業間競争の激化社会、Ｉｏｔ社会、ＡＩ社会、さらには超高齢社会が年々確実に進行するこれからの時代には、このことはより重要になる。こうした社会では、商品や経営戦略などによる差別化はむずかしくなり、「誰がつくってくれた商品なのか」「誰が提供してくれるサービスなのか」「誰が今後とも関わってくれるのか」などのことがより重要になるからだ。

人、つまり社員が最大の商品となるのである。

だから企業は、これまでにも増して、人柄のよい人財の確保や育成、さらには、そのモチベーションアップに注力しなければならない。

70

帰属意識や仲間意識の醸成は、喜びも悲しみも苦しみも、ともに分かち合うところから始まる。

社員の企業への愛社心や強い帰属意識は、経営者を初めとする組織の仲間たちとの強い信頼関係がベースになって培われる。

人間関係が気まずく、組織内がギスギスしていたり、風通しが悪く、同僚や上司への疑心暗鬼の気持ちがある限り、愛社心や強い仲間意識など生まれるはずがない。

社員同士の過度な業績競争をあおるような行き過ぎた成果主義や、不況や業績不振に名を借りた、弱者に対するリストラも同様である。

社員の愛社心を高めるとともに、よい社風のよい企業をつくりたいと思うなら、喜びも苦しみも、そして、悲しみもともに分かち合う、まるで家族のような温かい経営が必要不可欠なのである。

心優しい社員は、同一組織内に勝ち組と負け組を発生させる、個人戦や成果主義などを決して求めてはいない。

それを求めている人は、カネの亡者であり、金の切れ目が縁の切れ目といった人で、やがて企業を捨て去る社員である。

71

人財は、アメやムチではなく、正しい経営のなかから自然に育つ。

人財の確保・育成は、企業の盛衰の決め手である。人財こそが企業の価値創造の唯一の担い手だからである。

優秀な人財を確保・育成するため、これまで多くの企業は、社員や求職者に対して、まるでアメとムチを使い分けるような人事労務施策を講じてきた。しかしこうしたやり方は、もはや時代遅れである。

人財が集まり、育っていく、いい企業の経営者や幹部社員を見ていると、そのリーダーシップの発揮の仕方が、これまでの常識とは大きく異なっていることがわかる。

共通しているのは、業績や勝ち負けなどではなく、企業の真の使命と責任を果たすために、組織内の誰よりも努力し、人間味あふれる厳しさのなかに、温かさと優しさが感じられる経営を進めている点である。

だからこそ社員は燃えるし、求職者はその企業に魅力を感じるのである。

人財の確保・育成を成功させたければ、アメやムチを使い分けるような経営ではなく、正しい経営をぶれず行い続けることである。

正しい経営とは、偽りのない、真に世のため人のためになる経営である。

72

ＣＳを飛躍的に高めたいなら、
その前に
ＥＳを飛躍的に高めるべきだ。

ＣＳ、つまり、顧客満足度を高める経営は極めて重要である。事実、ＣＳを重視していない企業、ＣＳが低い企業で、安定的に業績の高い企業など1社も存在していない。

しかしＣＳより重要なのはＥＳ、つまり社員満足度・社員幸福度である。「ＥＳなくしてＣＳなし」が真実である。

これは当然のことで、顧客満足度が高い商品を創造するのも、顧客が感動・感嘆するような質の高いサービスを提供するのも社員だからである。

逆に言えば、所属する組織への満足度が低い社員や、幸福度が低い社員、上司や経営者に不平・不満・不信感のある社員が、顧客満足度を高めるような価値ある仕事をするわけがない。

ＣＳを飛躍的に高めたいと思うのであれば、その前に、小手先ではない、真に社員や社員の家族の心に染み入るような、ＥＳを高める経営をすべきである。

73

社員の働きがいは、5つの「いい」がない企業では醸成されない。

日本の企業で働いている社員の働きがいは、欧米先進国と比較しても極端に低い。働きがいを感じていない社員が、属する組織のために価値ある仕事をするとはとうてい思えない。近年の日本の企業の停滞・低迷は、まさにここに本質的な原因がある。

働きがいを感じる社員を飛躍的に増やさない限り、日本の経済の再生はあり得ないだろう。

では、どうすれば社員の働きがいを飛躍的に高めることができるのか。

そのためには、社員が働きがいを感じるようになる、5つの「いい」が高まるような経営・企業づくりが、必要不可欠である。5つの「いい」とは、

第1は、社会性の高い「いい企業」に所属すること

第2は、世のため人のためになると実感できる「いい仕事」に従事すること

第3は、企業内に「いい仲間」が存在すること

第4は、企業内に尊敬できる「いい上司・いい経営者」がいること

第5は、家に帰れば「いい家族・いい家庭」があること

である。

74

社員や顧客が
強く求めているのは、
経済的豊かさ・物質的豊かさではなく、
心の豊かさ・脳の豊かさである。

経済的豊かさ・物質的豊かさをある程度手に入れた人々は、その関心をもうひとつの豊かさに移す。

それはモノやお金などではなく、心の豊かさや、もっと知りたい、もっと学びたい、といった、脳の刺激・豊かさである。

社員も顧客も生活者も、今、社会や企業に強く求めているのは、モノやカネ、地位やブランドなどではない。その職場にいることで、あるいはその企業とつながりをもつことで、幸せや自分の成長を実感できる毎日なのだ。

事実、私たちの調査研究では、人もうらやむほど著名な企業で給料も高額なのに、社員の離職率の高い企業や、業績が大きくぶれてしまう企業が数多く存在している。

一方、給料がそれほど高いわけでもなく、著名な企業でもないのに、社員の幸福度が高く離職率が低い企業や、好不況の波があっても業績が大きくぶれることのない企業もたくさんある。

今や、物的な社員満足度を高める経営ではなく、社員の幸福度を高める経営こそが、強く求められている。

75

社員が最も重視すべき人は、「社員」ではなく、顧客と仲間である。

経営者や幹部社員は、経営において、社員とその家族を最も重視し、大切にしなければならない。しかし社員自身が、同様に考えてはいけない。それはやさしさではなく、単なる甘えだからである。

社員が、いつでもどこでも、最も重視し、大切にしなければならない人の1人目は、顧客である。なぜ顧客かといえば、企業の提供する商品やサービスの評価者は、顧客だからである。顧客に嫌われた企業に未来はないし、顧客こそが、企業の盛衰の決定権者だからである。

だからこそ社員は、最も多くの時間とパワーを、顧客の幸せづくりのために使うべきである。そして、いつでも、どこでも、企業や自分の都合ではなく、顧客の幸せにとって、いちばんいいと思うことを躊躇することなく実践しなければならない。

社員にとって、もう1人の大切にすべき人は、一緒に働く仲間である。

働くとは「はたをらくに」することであり、「はたを苦しめ・犠牲に」することではないからである。このことを、すべての社員は心して生き・働かなければならない。

76

社員の能力発揮度を高めよ。

今後20年間で、日本の労働力人口は1000万人前後減少するといわれている。現在の労働力人口比では、約20％の減少である。こうした時代には、限られた労働力人口を巡って人取り競争が激化する。人取り競争に負けた企業は、やがて、労働力不足による労務倒産という哀れな幕切れとなる。

こうした構造的労働力不足の時代に対処するため、これまで十分に評価されてこなかった「4人」に対する関心が高まっている。1人は高齢者、2人は女性、3人は障がい者、そして4人は外国人である。各種データと実態からみれば、この「4人」の雇用は、当然強く推し進めるべきだろう。

しかし、より重要なことは、今働いている人、特に社員の能力発揮度を高める経営である。

私たちの調査研究によれば、自身の能力の50％以上を組織のために発揮している社員はほとんどおらず、大半は10％から20％にすぎなかった。日本の実態は、労働力不足というよりは、能力発揮度不足なのである。

能力発揮度が異常に低い最大の原因は、上司や経営者の姿勢であり、それに対する不信感である。これを改めない限り、日本の再生はむずかしい。

77

人財は、好不況にかかわらず求め続けるべきである。

多くの企業は、好況で業績がよい時には社員を募集・採用するが、逆に不況で業績が悪い時には募集・採用しないどころか、リストラに走る。そして、また好況で業績がよくなると、社員の募集・採用をする。

このように、業績の良し悪しに人財の確保を連動させるような経営は、根本的に間違っている。

企業の業績がよい最たる要因は、価値ある人財がそこにいるからである。逆に人財がいなかったり、あるいは不足していれば業績は悪くなる。

つまり業績が悪い時でも、企業は人財の募集・確保に力を入れなければならないということである。これを怠る経営は、いつまでたっても他力本願・環境依存型で、景気回復を祈るしかないような経営となってしまう。

本来、景気は与えられるものではなく、自らが創造すべきものである。

だからこそ、景気の唯一の創造的担い手である人財の募集・確保は、好不況にかかわらず、３６５日、24時間、求め続けなければならない。

そしてそのためには、好不況を問わず、人財だからこそ好む企業経営を実践し、その実践を日常的に情報発信していくことが必要不可欠である。

78

人財採用は、
知識やキャリアなどではなく、
その人が企業の理念に合う人か否かを
最重視すべきである。

有効需要ではなく、有効供給の時代においては、企業の盛衰の決定権者は顧客ではなく社員である。

人財が入社してくれる企業、人財がやめない企業、人財が成長する企業、さらには人財が本領発揮してくれる企業だけが生き残ることができる。

その意味では、人財社員の採用・確保はますます重要となる。

ではこうした時代に、企業は、どういう人財を、どのような方法で募集・採用していけばよいのか。

まず人財で言えば、学歴やキャリア、さらにはその人の有する知見力や情報力ではなく、企業の存在目的である経営理念に合う人、経営理念に共感・共鳴できそうな人を求めるべきである。

また、採用の方法で言えば、経営者や人事担当者、さらには一部の管理職が主体で行うのではなく、可能な限り全社員に関わりをもたせるべきである。

そうすることで、多くの社員は、自分たちが採用した社員という意識をもち、新入社員を、まるでかわいい弟・妹のように育ててくれるだろう。

79

成果主義では大家族的経営はできない。

人件費総額の抑制や、社員の競争心・やる気を高めるという口実で、成果や業績貢献に重きを置いた評価制度を導入する企業が数多くある。

しかし私は、こうした考え方に賛同できない。それどころか、こうした考えの経営者が多い限り、わが国の経済の再生は困難とさえ思える。

なぜなら、企業経営をスポーツに譬えれば、個人戦ではなく団体戦・チーム戦だからである。チームには、華やかなスポットライトに照らされる花形の正選手もいれば、そうではない選手もいる。ベンチで声をからして正選手を応援するチームメイトや、万が一に備えている準レギュラーの選手もいる。みんなにそれぞれの役割があり、誰が欠けても、チームは成立しない。

これと同様、企業のなかにも、華やかな目立つ職場や仕事もあるが、逆に、目立たない、縁の下の力持ちのような職場や仕事もある。

すべての企業や組織は、そんなふうに成り立っている。だからこそ、社員間に、Ｗｉｎ－Ｌｏｓｅの関係を発生させたり、仲間意識を希薄化させたりする成果主義は危険なのである。

80

最高の教育は、
教える教育ではなく
教えさせる教育である。

社員教育というと、ＯＪＴ（On the Job Training：職場内で行う教育）と、ＯＦＦ ＪＴ（Off the Job Training：現場以外で行う教育）、そして、社員の自己啓発のための教育支援の３つと考えている関係者が多い。

特に「ＯＦＦ ＪＴ」は、多くの人が、入社年次別研修や階層別研修、あるいは専門研修といったテーマの問題と考えている。その場合の講師は、外部講師や企業の役員、部・課長などである。

企業は人財業であり、人財育成業である。社員が成長した分だけ、企業は成長する。だからこそ、好不況にかかわらず、社員教育にお金と時間をかけることが重要である。

ここで大事なのは、教育効果をより高めるためには、「教える教育」より「教えさせる教育」のほうがはるかに効果的だということだ。「教えさせる教育」とは、先輩社員を講師にして後輩社員を教育する、一般社員を講師にして全社員や部内を対象に話をしてもらう、という教育である。

「教えさせる教育」は、「教える教育」の数倍以上、社員に圧がかかるが、それ以上に社員が成長するのは間違いない。

81

離職率は、社員満足度・幸福度をはかる最大のメルクマールである。

社員の満足度・幸福度を示す最大のメルクマールは、社員の意識調査などではなく、社員の転職的離職率のレベルである。

結婚や家庭の事情、定年退職などで離職するのはともかく、その企業・その仕事が嫌になって離職する転職的離職は、可能な限り低いほうがいい。

社員や社員の家族の幸せを第一に考えて経営を実践している企業や、社員や家族が、その組織に所属する喜びをかみしめられるような企業をやめる社員がいるなど、考えられないからである。私たちの研究では、そうした企業で、なおかつ業績が安定的に優れた企業においては、その転職的離職率は、業界や職種等を問わず限りなくゼロに近いからである。

その意味では、近年よく言われる新卒入社後3年以内に企業をやめる社員の割合が「7：5：3現象」（中卒が7割、高卒が5割、大卒が3割）であることなどは、異常というしかない。より許しがたいのは、採用した多くの社員がやめることを前提に、過剰採用する企業である。

幸せを求め、縁あってせっかく入社してくれた社員が、まるで、ざるに入れた水のように去っていく組織が、健全な組織であるはずがない。

82

人財が最も嫌うのは、「管理」という名の刃物である。

人材には、大きく分けて2つのタイプがある。ひとつは人材と書く人、もうひとつは人財と書く人である。

前者は、代替要員がいくらでもいるような人材で、「指示待ち型人材」「ぶら下がり型人材」「依存・追随型人材」「変化を嫌う硬直型人材」といったタイプである。時代は、こうしたタイプの人材を全く求めていない。

後者は、余人をもって代えがたいような人財で、「提案型人財」「自立型人財」「創造型人財」「変化を好むフレキシブル型人財」といったタイプである。まさに時代が強く求め、必要とされている人財である。

人材が組織やリーダーに強く求めるのは「管理」や「指示・命令」である。

しかし人財は全く逆で、「管理」や「指示・命令」を最も嫌い、強要するとモチベーションを下げてしまう。

これは当然である。

「管理」や「指示・命令」ほど、創造や自立、あるいは自由の邪魔になる刃物はないからである。人財を確保・育成したいと思うなら、可能な限り「管理」や「指示・命令」をしてはならない。

83

社員がやる気を喪失する最大の要因は、経営者や上司に対する不平、不満、不信感である。

なじみの顧客がお店を変える最大の理由は、より安い、より有名な新しい企業やお店ができたからではない。社員や販売員の不愛想で失礼な接客態度が理由である。

同じように、社員がやる気を喪失したり、会社をやめたりする最大の理由は、より給料の高い著名な企業やお店ができたからではない。経営者や上司に対する不平、不満、不信感が鬱積した時である。

不平、不満を生み出す最たるものは、いわゆるリストラ経営であり、理不尽なことを平気で社員や取引先に強要する自利経営、損得重視経営である。

企業の原点は家族である。企業は、単に家族を大きくしただけの組織なのだ。だから、社員もその家族も、企業の家族と位置づける経営が正しいのである。

企業を家族に譬えれば、社長は親である。子供を犠牲にして自分のお腹を満たすような生き方をする父親、母親など、どこにもいない。

自分自身の努力不足、勉強不足がもたらした失敗を、罪のない社員になすりつけるような経営者が、5人から信頼されるはずがないのである。

84

経営者に楯突く社員には2つのタイプがある。見誤ると、かけがえのない人財を失う。

どんな組織にも、経営者や幹部社員の経営に批判的な言動をする社員が時々いる。こうした社員には、おおむね2つのタイプがある。

ひとつは、その経営者や組織の経営の考え方・進め方が根っから気に入らないのか、常に反対ありきといった言動をするタイプである。

もうひとつは、顧客の言動や企業のあるべき姿を踏まえ、所属する組織を何とかよくしたいと、いても立ってもいられずに経営者や上司に楯突くような言動をするタイプである。

前者は破壊のための破壊者であり、後者は創造のための破壊者である。この2人はどちらも経営者や上司に楯突くので、一見、同類と勘違いされがちである。その結果、経営者は創造的破壊者の発言に耳を貸さないばかりか、その言動に対して評価という刃物で冷たくあしらってしまうことが多い。

こうしたことが繰り返されると、創造的破壊者はやがて疲れ果て、まるで歌を忘れたカナリアのように静かになってしまい、職場を去っていく。

楯突く人がどちらのタイプかは、誠実な社員や善良な顧客がよく知っている。経営者はこの2つのタイプの本性を、しっかり見抜かなければならない。

85

企業の真実は、電話1本でよくわかる。決して〝たかが電話〟ではない。

その企業が、真にいい企業であるかどうかは、決算書を見たり、わざわざ企業を訪ねなくても、電話1本でよくわかる。しかし多くの企業は、この重要なことに気がついていないのか、全社員にそのことを伝えていない。

私はかつて、こんな経験をしたことがある。

宿泊予約のため、一流といわれているホテルに電話をした。電話に出たスタッフにすべての要件を伝えて話し終えると、そのスタッフは「わかりました。では宿泊予約に代わります」と言って電話は保留状態になった。その後、イライラするほど長い時間、待たされた。

また訪問を要請されたある企業に、日程打合わせのため電話をした時のことである。電話に出たスタッフは不愛想な声で、「社長はいません。何時に帰るか、わかりません。明日もう一度電話してください」と言うのである。

いずれの企業も、スタッフのレベルがお粗末至極だ。さらに後者は、経営者と社員間の情報共有が全くなされておらず、双方とも二流企業である。

このホテルにも、この企業にも私は未だに訪問していないし、そのつもりもない。〝たかが電話1本〟ではないのである。

86

企業の組織図は、ピラミッド型ではなく逆ピラミッド型にすべきである。

国内外を問わず、世界の大半の企業の組織図はピラミッド型である。つまり社長や会長を最上位に、以下、役員・部長・課長・係長と続き、圧倒的多数の一般社員は最下位に位置する組織図である。

しかし、こうしたピラミッド型の組織図は間違っている。この組織図では、日常的に顧客に接し、その満足度を高めることが最大の使命である一般社員が、最下層となっている。これでは、企業の盛衰を決定する顧客は、さらにその下に位置づけられてしまう。顧客のために企業が存在するのではなく、企業のために顧客が存在すると言っているような組織図である。

また、ピラミッド型の組織図では、社員が係長を、課長が部長を、部長が役員・社長を支える形であり、それぞれが、自身の役割を勘違いしてしまう。

社長や幹部社員の最大の使命と責任は、一般社員が価値ある仕事をしてくれるよう、よい職場環境づくりをすることである。上位者が社員を支え、助けるのが、本来の組織なのだ。

これらのことから、最上位を一般社員とし、そして最下位を社長とする、逆ピラミッドの組織図が正しいのである。

87

社員には常に夢と希望を与えよ。

人間は誰でも、夢と希望が見える仕事や苦労は、どんなにつらく大変でも、耐えて前へ前へと進むことができる。

耐えることができないのは、夢と希望が見えない仕事や苦労である。誰だって、苦労のための苦労など1日もしたくはない。

だからこそ、業種・業態、そして企業規模を問わず、企業の経営者や幹部社員は、社員に、企業の未来・夢と、社員個人の夢を明示しなければならない。

もちろんその未来や夢は、経営者だけが満足するものでも、社員だけが満足するものでも意味がない。組織を構成する全員が願うものでなければならないことは当然である。

企業としての未来・夢とは、企業の社会的公器としての将来ビジョンであり、また個人の夢・希望とは、社員とその家族1人ひとりの未来である。

人財不足や離職の増大、さらには社員のモチベーションの低下に嘆く多くの企業の最大の原因は、今日への不満からというより、夢と希望が見えない明日への不安からなのである。

その不安をなくする経営が求められている。

memo

第5章

「正しくある」ことについての13の指針

88

人はお金のためではなく、愛する人のため、自身も幸せになりたいために働く。

「人はお金のために働く」と考え、お金を初めとする物的なものに価値判断の基準を置いている経営者がいる。しかしそれは根本的に間違っている。

このことを証明するエピソードをひとつだけ紹介する。

ある日、新聞の「求人折り込みチラシ」を手に握りしめた女性が、20歳前後の娘さんと一緒に、私のよく知る農業法人を訪ねてきた。

その母親は、事務所にいた社長に求人チラシを見せて、「この子は障がいがありますが、農業が大好きです。働かせてもらえないでしょうか」と嘆願した。

社長が「お気持ちはわかるが、この子では無理だ」と断ると、母親は、「私も朝8時から17時まで、この子と一緒に働きます。給料は1円もいりません。どうかこの子を働かせてあげてください」と、涙ながらに頭を深く下げたという。

「人はお金のために働く。職場はお金を稼ぐための場所にすぎない」と考えていたその社長は、その母親の言葉を境に、「人はお金のために働くのではない。愛する人々のために働くのだ」と考えを新たにしたそうだ。

ちなみに、娘さんを採用したこの第六次産業の法人は、その後、今日まで一貫して着実に成長している。

89

人の幸福は、働くことをおいて得ることは不可能である。

人の幸せは4つといわれる。

1つ目は、人にほめられること。2つ目は、人に必要とされること。3つ目は、人の役に立つこと。そして4つ目は、人に愛されることである。

この4つの幸せは、どうしたら得られるのか。結論を先に言えば、「働くこと」である。働かなければ、この4つの幸せを得ることはできない。

どんなに重度の障がいのある人でも働く場を欲しているのは、幸せになりたいからである。働くことがどんなに大変でも、「ありがとう、あなたのおかげだよ……」と言われたいからである。

しかし、老若男女を問わず、五体満足でありながら、働くことから逃避したり、自分勝手な働き方・生き方をしている人がたくさんいる。とても恥ずかしいことだと私は思う。

幸せになりたいなら、積極的に働くチャンスを求め、ありがとうと言われる働き方をしなければならない。一方、経営者は、障がい者雇用から目をそらさず、求める人には働く場をつくり、提供して、彼ら・彼女らの幸せづくりを支援するべきである。

90

真の強者は弱者に優しい。偽物の強者は弱者に冷たい。

弱者にも強者にも、2つのタイプがある。

真の弱者と偽物の弱者、真の強者と偽物の強者である。

偽物の弱者とは、さほどの苦労や努力もせず、弱者であることを、まるで売り物にしているかのような人々である。

一方、真の弱者とは、さまざまな理由で心身に障がいのある人々や、やむを得ない事情から日常的な生活に困窮している人々である。

また、偽物の強者とは、仕事はできるかもしれないが、利他の心が著しく欠落し、自利優先・自己中心的な言動をする人々である。

一方、真の強者とは、利他自損の心がとりわけ強く、人に喜ばれることを自分自身の喜びとする心優しい人々である。

では、偽物の強者と本物の強者は、どうすれば見分けがつくのか。

言葉だけでは、また1日2日の立居振る舞いだけでは、2人の違いはわからない。

しかし日常的な言動、特に弱者に対する姿勢と行動をじっと見ていれば、本物の強者か偽物の強者かは、嫌でもわかってくるものだ。

91

世のなかに弱者は2種類ある。
私たちが
支援しなければならないのは
真の弱者である。

世のなかに、弱者と呼ばれる人々は2種類ある。ひとつは中小企業や小規模事業者等、大企業と比較した場合の経済的弱者である。そして、もうひとつは、障がい者や高齢者、さらには生活困窮者といった社会的弱者である。

どちらの弱者に対しても、国は、赤字国債を乱発しながら長い間多くの血税を投下してきた。

しかし、中小企業のすべてが、本当に弱者といえるのだろうか。創業時はともかく、創業して10年どころか、20年、30年を経過している企業に対して、ただ小さいという理由で、保護・救済策をとり続けるのは決して正しいことではない。

「過ぎたるは及ばざるがごとし」である。

やりすぎ、長すぎという保護・救済策が、企業の起業家精神を衰えさせてしまっているからである。

一方、障がい者や高齢者などの社会的弱者は、多くの場合、その人の努力の限界を超えた問題を抱える「真の弱者」である。限られた血税は、そうした「真の弱者」に重点的に振り向けられるべきである。

92

障がい者や
高齢者の幸せづくりに
力を注がない人々は、
自分と自分の家族は永遠に
障がい者にも高齢者にもならないと
言っているようなものだ。

障がい者になりたいと思う人は、誰ひとりとしていない。障がいのある赤ちゃんを産みたいと願う母親も、誰ひとりとしていない。1日も早く高齢者になりたいという若者も、誰ひとりとしていないだろう。

しかし、生まれながらの障がい者もいるし、事故や病気等で障がい者になった人もいる。障がい者になるのは、私たち自身や、私たちの家族だったのかもしれない。

高齢者についても同様である。私たちはこの世に生を受けた瞬間から、本人がどれほど抵抗しても、年齢を重ね、やがて高齢者になる。

つまり障がい者や高齢者の問題は、私たちの今日の問題か、明日の問題かの違いだけなのである。

障がい者や高齢者に関係のない人は、この世のなかのどこにもいない。だから私たちがやるべきことは、直接・間接を問わず、障がい者や高齢者の幸せづくりを支援することである。

障がい者や高齢者の幸せを念じない人々は、自分だけは、自分の家族だけは、障がい者にも高齢者にもならないと言っているようなものである。

93

正しい企業のために
私たちができることのひとつは、
その企業の
顧客になることである。

困っている人への支援や、人が気がつかないようなよいことを、何ら見返りを求めず、黙々と継続的に行っている企業がある。

本当の意味で、正しい企業である。ところがそうした企業が立ちいかなくなり、人知れず廃業していくことがたまにある。これは社会の損失である。

こうした正しいことをしている企業に対し、私たち生活者・消費者がとるべき行動のひとつは、それらの企業の顧客になることだ。

欺瞞に満ちた経営を続けている企業、社員のリストラを行う企業、協力企業に理不尽な取引きを強要する企業、さらには、わずか2・2%という障がい者の法定雇用率すら守っていない企業の商品を、安いから、有名だから、などといった理由で買う態度は間違っている。

そういう企業の商品を買うという行為は、その企業がやっていることを認め、ほめているのと同じことだからである。

経済社会を正しい姿に戻すために、企業だけでなく、私たち生活者・消費者の倫理観と行動が求められている。

94

私たちができない
正しいことをしている人々がいたら、
私たちがやるべきなのは、
その人を支援することである。

時代の先頭を走っている人や、「自ら顧みて直くんば、千万人といえども我行かん」といった正義感の強い人々は、時折、その場やその時代の常識をはるかに超越した言動をする。

このため、そうした人々は、周りから総じて「異端」とか「変わり者」と呼ばれ、社会全体の理解と協力を得ることがなかなかむずかしい。それどころか、組織や地域社会から、抹殺されたような状態の人もいる。

しかし、「どう見ても、どう考えても、その人の言動が正しい」と思える人は決して少なくない。

もしそういう人が、私たちの周りにいたら、私たちにできるのは、その人の言動を陰となり日向となり、支援し続けることである。

そういう人をひとりぼっちにしてしまってはいけない。

そして、その人に降りかかってくる、熱い火の粉を振り払ってあげることである。

私たちは決して傍観者であってはならない。

95

正しいことをしようとしている人々の
邪魔になるルールには、
片眼をつぶってしまうことだ。

人には2つのタイプがある。

第一のタイプは、弱い人や、正しい行動をしようとする人々を支援するために、必要とあれば、ルールを超法規的に解釈する人々。第二のタイプは、相手やその行動がどうであれ、規則・慣例をモノサシに、いっさい例外を認めず、いつも法規的な解釈をする人々である。

土砂降りの雨のなか、開店前の入り口で傘を差し、震えて待っている高齢者や障がい者、乳飲み子をおぶった若いお母さんに対し、見て見ぬふりをするスタッフや、「開店まで、あと20分ほどありますから、今しばらくお待ちください」と平然と説明するスタッフがいる。

こうしたスタッフが後者の典型で、ルールがすべての融通のきかない人々である。もし私がその場にいるスタッフであれば、ルールには片目をつぶって、躊躇なく「どうぞ、中でお待ちください」と招き入れるだろう。

企業人でも公務員でも、「人によってこんなにも解釈や対応が違うのか」と驚くことが多い。ルールは本来、人を幸せにするためにあるものだ。だから、人を幸せにするための行為は、ルールを超えて正しいのである。

96

世のため・人のためにならない
制度や慣習は、
今日のリーダーたちが
創造的破壊をしなければならない。

世のなかには、明らかに時代の使命を終えたと思われるような制度や慣習が未だ多く残っている。

その制度や慣習のせいで、誠実に生きている人々が、仕事や生活をしていくうえで不便や不都合、あるいは苦痛を強いられているようなケースも想像以上に多い。

しかし、経営者を初めとする組織のリーダーの多くは、「自分たちも若いころ、そういう制度や慣習のもとでやってきたから」とか、「好き嫌いの問題じゃない。それがわが社のルールだから」とか、さらには、「この数年辛抱すれば関係なくなるから」などと言う。

そして、創造的破壊をする労力や孤立を恐れ、理不尽であることは承知していながら、なかなかそれを変えようとはせず放置してしまっている。

真のリーダーの姿勢とは、とうてい思われない。「悪しき制度・慣習に、嫌な思い、苦しい思いをするのは自分を最後にする」という強い信念で、仲間や子ども、孫たちのために創造的破壊をするべきである。

悪しき制度や慣習を、次の世代に引き継いではならない。

97

悪は徒党を組むが、誠実な人は決して徒党を組まない。

いつからそうなってしまったのか、何があったのかはわからないが、世のなかには、心がまるで腐っているかのような言動を平気でする人々がいる。

こうした人々の共通の特徴は、徒党を組んだり、大声を出したりすることだ。そして邪魔となる正しい言動をする人々や、何もできない人々を攻撃したり、無言の圧をかけたりする。

自分たちにとって都合のよい言い分を無理やり認めさせたり、自分たちに居心地のよい状況をつくることに躍起になる。

一方、利他の心をもち、誠実に生きている人々は、徒党を組んで数の力を頼んだり、大声を出して相手を威嚇したり、周囲に圧をかけるなどのことは決してしない。

自分ひとりでも世のなかをよくしよう、困っている人を支援しようと、黙々と行動する。

その人が本物か、偽物かはすぐわかる。私たちは本物になるべきであり、本物の人と行動をともにすべきである。

98

1％の
素敵な人に出会いたいなら、
100％の人に
会わなければならない。

一流といわれている人々に共通している特徴のひとつは、人的ネットワークが広く、深いという点である。つまり、その人のことを自分ごとのように考え、心配してくれる人が、普通の人の10倍どころか、１００倍以上も存在しているのである。

その意味では、近年の「人財力格差」は、個々人の能力格差というより、この人的ネットワークの格差だといっても過言ではない。

では人的ネットワークを拡大するためには、どうすればよいのか。一言で言えば、求め、努力し、可能な限り多くの人々に会うことである。別の言葉で言えば、会う人を自分の枠で限定してしまわないのである。

素敵な人との出会いは、10人のなかからより１００人のなかからのほうが得やすいし、その人が１００人目の人だった、というケースも多々あるからだ。

だから素敵な人に出会いたければ、人を選ばず、時間を選ばず、１００％の人すべてに会うべきなのである。

二流の人は、「忙しいから」とか、「相手に肩書がないから」などという、いいかげんな理由で、大きなチャンスを失っている。

99

本物の企業、本物の人は、
危機の時にも
自利ではなく利他自損である。

この原稿を書いているさなか、「新型コロナウイルスの感染拡大」によって、日本はもとより世界中が未曾有の危機に遭遇している。

この中で企業、特に日本を代表する著名な企業の多くは、自己防衛のために人員整理の実施や雇用の抑制、社会貢献活動費の縮減などの施策を講じている。

一方で、私の親しい企業の対応策は、それらの施策とは全く異なっている。

そのうちの1社が、横浜市にある社員数50名の中小企業である。

同社も業種柄、新型コロナの影響をもろに受け、売上高は前年同期比で半減してしまった。しかし同社の経営者は、社員とその家族の命と生活を守り続けることこそ経営者の使命と責任であると考え、それまで節約して蓄えてきた貯金を取り崩して対応している。

それればかりか、出社する社員と在宅勤務の社員の半数は、本業とはまるで関係のないマスクを手づくりし、それを困っている病院や福祉施設、高齢者世帯に無償で届けている。

本物の企業や本物の経営者は、未曽有の危機にあっても、利他自損なのである。

100

人の優しさは涙の量に比例する。
涙を流したことのない人は、
人の悲しみ、苦しみがわからない。

いま、企業が一番求めている人財は、知識やノウハウ、テクニックなどを身につけた人ではなく、人としての優しさや、組織の仲間のことを思いやる心、つまり利他自損の心をもった人である。

物的・経済的にはほぼ満たされた今日、優しさこそが、社会がいちばん飢え、求めているものだからである。

だから、まともな企業では、優しさと利他自損の心をもった人を採用し、そうした人財教育を重視している。

その意味では社会人も、これから社会に出る学生も、そうした人財になるような生き方・学びが必要になる。

こうした人財になるためのいちばんよい方法は、心優しい、利他自損の心で生き、働いている人々の言動に真摯に学ぶことである。心洗われるような書物を意識的に読むのもいいだろう。

人の苦しみ、悲しみ、喜びにふれて涙することだ。涙を恥じることはない。私の経験から言えば、「人の優しさは涙の量に比例する」のだから。

memo

エピローグ

企業の目的・使命は、5人の永遠の幸せの追求と実現である

正しいことなのか、正しくないことなのか

仕事柄、社会人学生をはじめ、第一線の経営者や管理職の方々から、さまざまな経営相談を受けたり、国や地方自治体の各種委員会に出席し、政策立案や実施に関する議論をすることが数多くあります。

そうした際に、私が常に心がけているのは、その事業の主催者の期待やシナリオ、さらには、その場の空気がどうであれ、実施しようとしている事柄と、その方向・方策の動機や本質を見ることです。

事業の内容や、その事業の考え方・進め方が「本当に必要なのか、不必要なのか」「正しいことなのか、正しくないことなのか」そして「自然なことなのか、不自然なことなのか」といった視点で見るのです。

その事業の内容や方向・方策が、直接・間接に影響を受けるすべての人々に、本当に幸福をもたらすものなのか、そこに私心はないのか、動機は善なのか……などの点から判断するのです。

なかには、人々の幸福など無関係で、主催者の評価ばかりが高まるような事業もあります。また、ゴネたり、声が大きかったりする一部の関係者ばかりが得をするような我田引水型の運営がなされる事業もありますが、そうした事業を決して評価することはできません。

これが私の、基本的な信条であり、姿勢です。

企業の目的は業績・成長ではない

企業はもちろんのこと、行政であれ、教育機関であれ、リーダーが経営を行う際にまず心しなければならないことは、「経営とは何か」という問いかけであり、その正しい理解と認識です。

正しい経営についての理解と認識は、右に行くか・左に行くか、何を創るべきか、どう販売すべきか、などの経営戦略の策定よりはるかに重要なことなのです。

目的が間違っていれば、いかによい経営戦略を策定・実施したとしても、一時はともかく、長期にわたって市場や顧客の評価を得ることは決してできません。

経営とは本来、その組織に関わりのあるすべての人々に対する使命と責任を果たすための活動のことです。そして使命と責任とは、関係する人々の永遠の幸福の追求・実現です。
つまり、経営とは、業績を高めるための活動でも、成長発展するための活動でも、業界で一番になるための活動でも、ましてや、ライバル企業を打ち負かすための活動でもないのです。

それらのことはみな、その組織が関係する人々への使命と責任を果たしたかどうかの結果現象といっても過言ではありません。

だからこそ『日本でいちばん大切にしたい会社』シリーズの1~7でも繰り返し述べているように、経営者を初めとする組織のリーダーは、特に重要な関係者5人の、永遠の幸福を追求・実現しなければならないのです。

5人とは、
第一に「社員とその家族」であり
第二に「社外社員とその家族」であり
第三に「現在顧客と未来顧客」であり
第四に「地域住民・地域社会、特に障がい者等社会的弱者」であり第五に「株主・支援者」です。

顧客満足は社員満足から生まれる

そして、経営者や管理職にとって、この5人のなかでとりわけ重要なのが、「社員とその家族」と「社外社員とその家族」の幸福の追求・実現です。

なぜならこの2人が、顧客や地域住民、さらには株主・関係者等に提供する感動的価値の創造的担い手だからです。

この2人が存在しなければ、顧客が感動する新商品や新サービスを継続的に顧客に提案することなどできないからです。

企業にとって顧客満足度は、組織の盛衰を決定づける重要なものです。この顧客満足度を高めない限り、その企業の未来はありません。

ではこの顧客満足度は、誰が高めるのか？　答えは簡単、社員です。

顧客満足度の担い手である社員の満足度を高めなければ、つまり、ES（社員満足度）を高めなければCS（顧客満足度）は高まらないのです。CSを高めるためには、ESを、それ以上に高める必要性があるのです。

所属している企業への満足度や愛社心があまり高くない、もっとはっきりいえば、企業や上司に常日頃、不平・不満・不信感をもっている社員が、企業や上司の業績と評価を高めるような努力をすることなど、とても考えられません。だから企業はまず、社員の満足度・幸福度を高める努力を払わなければならないのです。

リストラは企業を内部から崩壊させる

しかし現実は、あらゆる組織、あらゆる分野で、5人の幸福、特に社員とその家族にとって、どう考えても正しくない、不自然な言動を繰り返す組織のリーダーが少なからず存在しています。

不況で業績が悪化したからと、正規・非正規を問わず希望退職・人員整理などのリストラを行う企業があります。

また、自社の業績を維持し高めるために、協力企業・仕入先企業の大半が赤字経営や低収益経営を余儀なくされているというのに、一方的でしかも大幅なコストダウンを要請したり、選別・再編などを行うケースもあります。

そうした場合でも、人員整理や、協力企業に対してコストダウンを強要した企業の社長や役員の大半は、そのまま平然と居座り、指揮をとっているのです。

犠牲になるのは決まって、何ら罪のない正規の一般社員や、パート・嘱託社員・派遣社員等の非正規社員、そして協力企業・仕入先企業の社員なのです。

しかし、考えてもみてください。

リストラされたり、一方的で大幅なコストダウンを強要されて、幸福と感じる社員や家族、協力企業・仕入先企業の社員がいるものでしょうか。

幸せを感じるどころか、その企業や組織に対する憎しみすら抱くでしょう。

どんな事情があろうと、組織の同志・家族を引き裂くようなリストラは正しいことではないし、自然なこととはいえません。

そうしたことを繰り返す企業にも、その時は運よく残った社員がいるはずです。しかしその残った社員たちの不安感や不信感は次第に増幅して、モチベーションを低下させていくでしょう。

その結果、いずれその企業をリードしていくはずの有能な社員までが離職し始め、やがて組織は内部から崩壊していくことになるのです。

発注者・受注者の関係も同じで、強引なコストダウン要求を繰り返すような企業からは、協力企業・仕入先企業の廃業が増え、有力な協力企業・仕入先企業の親離れ・自立化が進んでいきます。

発注者の生産や改善活動を底辺で支える協力企業が離反していくことで、わが国自慢の社会的分業システムは崩壊していくのです。

景気に左右されない強い経営をつくる

私はこうした正しくない、不自然なことを決断・実行する経営者をはじめ組織のリーダーたちに、あえてこう言うことにしています。

「もし、あなたが逆の立場だったら、そのことをどう思いますか。認めますか。そんなことをされて、ヤル気が出ますか」

「あなたはそうした、いい加減な会社や経営者が嫌だったからこそ、その会社を辞め、理想に燃えて独立開業をしたのではなかったのですか……」と。

こう言うと、企業の社長やリーダーたちは、

「人員整理もコストダウン要請も、企業の存続のための、やむをえない苦渋の選択なのだ」

「予期せぬ環境変化で業績が急激に悪化したり、景気の影響を受けたりするのは企業にとって日常的なことだ。リストラもコストダウンの要求もしない経営は理想だろうが、そんな美しい経営が成り立つわけがない」

などと反発し、言い訳します。

しかし、それは誤解です。

本書でも繰り返し述べているように、企業経営者が最も重視しなければならないのは、業績等ではなく、社員とその家族の幸福、つまりその命と生活を守ることだからです。

だからこそ経営者は、不況などの不測の事態に備えて資金の内部留保に努めるとともに、特定の市場や取引先に過度に依存しないよう、市場や取引先の分散をしておかなければなりません。

そして好不況にかかわらず、人財の確保・育成はもちろんのこと、研究開発や新市場開拓に力を注ぎ、景気に左右されない景気超越型商品やサービスの創造に努め続けなければならないのです。

社員とその家族を、また協力企業を泣かさない、盤石な経営をつくる知恵と工夫と力が、経営者には必要です。

社員は経営の姿勢・あり方に反発する

もちろん残念ながら、どんな準備をしていても、大幅な経費の削減が必要な場合があるでしょう。そんな場合でも、社員の人件費に手をつけるのは最後の最後でなければなりません。

ところが多くの経営者は、その人件費の削減方法を勘違いしています。

「総人件費＝社員数×平均賃金」ですから、社員数と平均賃金の双方に目を向けるべきなのに、社員数の削減にこだわるのです。

こうしたこだわりが、間違いのもとです。

総人件費の削減は、社員数ではなく、平均賃金にこそメスを入れるべきなのです。

「不況によるリストラは、ある意味ではダメな社員を整理するチャンスでもある。それなのにそんな横並びのことをしたら、できる社員がヤル気をなくして、やめていってしまう。

会社の再生は一段と困難になってしまうだろう」と心配する人もいるかもしれません。しかしこれもまた全くの誤解、錯覚です。

喜びも悲しみも苦しみも共に分かち合う経営、誰も犠牲にしない経営こそが、正しい経営・自然な経営だからです。

もし仮に、そうした正しい選択に異議を唱える社員がいるようなら、そのことこそが、自社の不況の最大要因といってもいいでしょう。

同志・同僚・仲間への愛や利他の心がまるで感じられない、単にお金で会社とつながっているような社員が、これからの時代、企業の盛衰の決め手となる「感動価値」や「企業の社会価値」をもたらし、高めてくれるとはとても思えないからです。

全社員の人件費の削減という苦渋の選択に、「どうして自分まで……」と言う社員がもしいるようなら、その社員こそ、やめてもらったほうがいいでしょう。そこには仲間意識や愛社心が微塵も感じられないからです。本書でも書きましたが、そうした人物は「偽物の強者」なのです。

すべての社員の人件費を削減する場合は、その割合を考えることも重要です。

当然ながら、削減幅は最高責任者である社長を最大とし、以下段階的にカット率を下げて、一般社員や非正規社員のカット率を最も小さくすることです。

これを前提に、経営者は状況と対処の仕方を全社員に口頭で説明し、理解と協力を仰がなければなりません。

社員や協力企業・仕入先企業は決して、賃金カットや大幅なコストダウンそのものに不平・不満・不信感を募らせるわけではありません。経営者をはじめとする組織のリーダーの、自己保身的でいい加減な姿勢、対処法に反発するのです。

「わが社は潰れるべくして潰れました……」

私は2008年4月に『日本でいちばん大切にしたい会社』を著しました。その後、このタイトルの本はシリーズ化され、2020年4月には『日本でいちばん大切にしたい会社7』を執筆しました。

これらの本を読んでくださった経営者や一般社員の方々から、想像を絶するほど多くのメールをいただきました。

「なぜわが社が、うまく成長発展できなかったのか、よくわかりました」

「私の経営の考え方、進め方は間違っていました」

「問題は外にあると思い、被害者意識をもった経営をしてきましたが、問題はすべて、私の心と背中にありました」

「変わるべきは・変えるべきは景気ではなく、私の経営の考え方、進め方でした」

「この本を読んで、社員には何ら責任がなく、すべて経営者である私の責任であることがわかりました」

「この本を読み、かつて私の会社がなぜ倒産したかがわかりました。潰れるべくして潰れたと思いました……」

「協力企業・仕入先企業等の社員の幸福への配慮が、決定的に不足していたと思います」

「私は業界のなかでは異端と呼ばれる経営をしてきました。正直、自分の経営の考え方・進め方で本当に正しいのだろうかと、不安になることもありました。しかし、この本を読んで確信がもてました。これからもこの道をひた走ります」


等々のメールでした。

すべて経営者の心と背中にかかっている

数あるメールのなかでとりわけ印象深かったのが、大阪のある経営者からのものです。

「私は大阪でD社の社長をしている者です。昨年はリーマンショックの影響もあり、売上高は対前年比70％も減少してしまいました。しかし、業界の平均は未だピーク比60％程度で苦しんでいるなか、わが社はすでにピークをはるかに上回るまで回復しました。

その最大要因は、この間、正規社員・非正規社員を問わず、社員を誰一人として犠牲にしなかったことだと思います。この日のためにと、蓄えてきた内部留保を取り崩し、みんなの理解と協力を得て、全社員の賃金・ボーナスを削減することで危機を乗り越えました。

もしも先生が執筆された『日本でいちばん大切にしたい会社』を読んでいなければ、自分だけよければという気持ちで希望退職などの人員整理を行ったり、協力企業に厳しいコストダウンを迫ったりしていたに違いありません。気づきを与えてくれ感謝しています。

ぜひ一度、遊びに来てくださされば……」

と書かれていました。

メールをいただいた数カ月後、私はこの会社にうかがうことにしました。

新大阪駅まで迎えに来てくれた総務課長さんに、車中でいろいろと話をうかがいましたが、次のような言葉が印象的だったのを覚えています。

「当時、社長は給料をほとんど取っていませんでしたが、一般社員の給料が減額されることはほとんどありませんでした。そればかりか、『社員を路頭に迷わせる時は、私も一緒です』とまで言ってくれました。だからわが社の社員はみんな、社長を信頼しています。これからどんなことがあってもついていきます。私たちの自慢の社長ですから」

後部座席に座ってその話を聞いていた私の心が、温かなもので満たされた気がしました。同時に、「社員のモチベーションは経営者をはじめとする組織のリーダーの心と背中にかかっている」ことを、それまでにも増して強く確信したのでした。

著者紹介

坂本光司（さかもと・こうじ）

1947年、静岡県（焼津市）生まれ。経営学者。静岡文化芸術大学教授や法政大学大学院教授などを歴任。現在は、人を大切にする経営学会会長、千葉商科大学大学院商学研究科中小企業人本経営（EMBA）プログラム長、日本でいちばん大切にしたい会社大賞審査委員長、他公職多数。
徹底した現場派研究者であり、この50年間で訪問調査・アドバイスをした企業は8000社以上となる。
専門は中小企業経営論・地域経済論・福祉産業論。
近著
『日本でいちばん大切にしたい会社8』2022年　あさ出版
『会社の偏差値 強くて愛される会社になるための100の指標』2021年　あさ出版
『もう価格で闘わない』2021年　あさ出版
『ニッポン子育てしやすい会社』2019年　商業界
『日本でいちばん女性がいきいきする会社』2019年　潮出版社
『いい経営理念が会社を変える』2018年　ラグーナ出版
『人を大切にする経営学講義』2017年　PHP研究所
『強く生きたいあなたへ』2016年　WAVE出版
『日本でいちばん社員のやる気が上がる会社』2016年　ちくま新書
『「日本でいちばん大切にしたい会社」がわかる100の指標』2015年　朝日新書

●自宅連絡先
〒421-0216　静岡県焼津市相川1529
電話　054（622）1717
E-mail　k-sakamoto@mail.wbs.ne.jp
●人を大切にする経営学会事務局
〒102-0073　東京都千代田区九段北1-15-15 瑞鳥ビル（株式会社イマージョン内）
電話　03（6261）4222　FAX　03（6261）4223
URL　https://www.htk-gakkai.org/

経営者《けいえいしゃ》のノート
会社《かいしゃ》の「あり方《かた》」と「やり方《かた》」を定《さだ》める100の指針《ししん》　〈検印省略〉

2020年　6　月　21　日　第　1　刷発行
2024年　7　月　11　日　第　4　刷発行

著　者――坂本 光司（さかもと・こうじ）
発行者――佐藤 和夫

発行所――株式会社あさ出版
〒171-0022 東京都豊島区南池袋 2-9-9 第一池袋ホワイトビル 6F
電　話　03（3983）3225（販売）
　　　　03（3983）3227（編集）
F A X　03（3983）3226
U R L　http://www.asa21.com/
E-mail　info@asa21.com
印刷・製本（株）シナノ

note　http://note.com/asapublishing/
facebook　http://www.facebook.com/asapublishing
X　http://twitter.com/asapublishing

ISBN978-4-86667-214-4 C2034

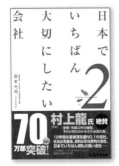

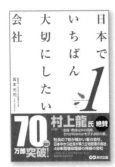

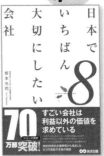

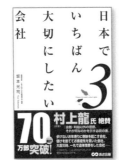

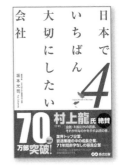

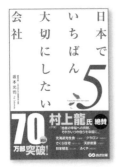

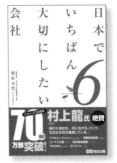

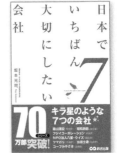